Das halbe Leben

Susanna Schwager

Das halbe Leben
Junge Frauen erzählen

Zeichnungen von Raoul Ris

Für M, meine Mutter – à Dieu
Für H, meine Tochter – immer
Für M, meinen Mann – aufs Neue
In Liebe

Wörterseh wird vom Bundesamt für Kultur mit einem Strukturbeitrag für die Jahre 2016 bis 2020 unterstützt und dankt herzlich dafür.

Alle Rechte vorbehalten, einschliesslich derjenigen des auszugsweisen Abdrucks und der elektronischen Wiedergabe

© 2017 Wörterseh, Gockhausen

Lektorat: Jürg Fischer, Uster
Korrektorat: Lydia Zeller, Zürich
Umschlaggestaltung: Thomas Jarzina, Holzkirchen
Zeichnung Seite 82: Andreas Fischer, Biel
Herstellerische Betreuung: Andrea Leuthold, Zürich
Layout und Satz: Rolf Schöner, Buchherstellung, Aarau
Bildbearbeitung: Michael C. Thumm, Blaubeuren
Druck und Bindung: CPI – Ebner & Spiegel, Ulm

Print ISBN 978-3-03763-076-1

www.woerterseh.ch

Wenn auf dieser Welt etwas zu begreifen war,
dann musste das auf dem Weg über die Frauen geschehen.
Cees Nooteboom, »Rituale«

Inhalt

9 *Worte vorab*

13 **Tusha**
Lernende

37 **Steff**
Musikerin, Rapperin, Beatboxerin

63 **Magdalena**
Philosophin, Buchhändlerin

83 **Aniya**
Boxweltmeisterin

103 **Simone**
*Weltmeisterin Orientierungslauf,
Unternehmerin, Mutter*

121 **Laura**
Pflegefachfrau

141 **Mona**
Moderatorin, Journalistin, Mutter

165 **Marina**
kaufmännische Angestellte, Mutter

Worte vorab

Meine Sammlung von Lebensbildern entsteht aus Momentaufnahmen. Die Texte in diesem Buch schrieb ich nach Begegnungen im Frühjahr und Sommer 2015.

Vor gut zehn Jahren begann ich mit dem ersten Band »Das volle Leben – Frauen über achtzig erzählen«. Die Verlegerin Gabriella Baumann-von Arx hatte mich gefragt, ob ich einen Beitrag in einem Buch über Menschen über achtzig schreiben würde. Ich wollte das ganze Buch machen, eins nur mit alten Frauen. Dann grad noch eins, das Gegenstück der alten Männer. Und aus den Alten sind die Jungen gewachsen, Menschen unter vierzig. Mit dem vorliegenden Band ist es nun ein Kleeblatt, ein Quartettspiel, ein Quadrat. Vollständig wäre das Lebens-Werk erst im Hexagon, die mittleren Jahre fehlen. Wahrscheinlich muss ich zuerst selber wegwachsen aus der Lebensmitte, um sie beschreiben zu können. Das Eigene und allzu Nahe nimmt man ungenau wahr, unscharf. Wir werden sehen.

Im Kleinen das Grosse Ganze suchen, im Gewöhnlichen das Wunder, im Austausch mit Fremden das Persönliche erörtern und dabei vielleicht etwas darüber hinaus begreifen – ich sehe mich als Geschichtensammlerin, als Zuhörerin, als eine Art Durchlauferhitzerin (oder wenigstens -erwärmerin) von erzählten, sogenannt wahren Begebenheiten. Das braucht Vertrauen. Die Menschen liessen sich auf einen Austausch ein, sie sassen mir Modell. Nur wenige kannte ich vorher.

Alles, was ich aufschreibe, wurde mir mündlich mit-geteilt. Die Texte sind trotzdem nur eine Variante der Wahrheit, sie sind die Sicht der Erzählenden und mein Arrangement, meine Interpretation ihrer Worte. Nicht ins Hochdeutsche übersetze ich das

Mündliche, sondern ich versuche die ureigene Sprachmelodie in eine Schriftlichkeit zu bringen, die dem Sound des Sprechens möglichst nahe kommt. Ich schreibe fürs Lesen, Mund-Art kann ich nur mühsam entziffern. (Vielleicht ändert sich das gerade mit den neuen Medien.)

Beim Verfassen meiner Bücher verpflichte ich mich aufs Innigste der dokumentarischen Redlichkeit und bilde ab, so wahr ich kann. Aber Leben heisst Wandel, und Jugend ist in erster Linie Veränderung. Die Menschen machen sich lebend aus meinen Texten davon. Wie wunderbar.

Ein stilles Buch mit feinen Seiten in den Händen eines lesenden Menschen ist das intimste Medium, das möglich ist. Intimes kann nur intim sein. Zu entscheiden, was veräussert, beschrieben und schliesslich wieder zurück in die Intimität eines Buches gelegt werden soll, überlasse ich immer den Porträtierten. Ich ändere und nuanciere Sätze gern im Austausch mit ihnen. Vielleicht deshalb wurde von den vierunddreissig Lebensskizzen, die ich für die ersten drei Bücher verfasste, nur gerade eine zurückgezogen. Ich stelle aber fest, dass sich im Lauf der letzten zehn Jahre die Vorsicht im Umgang mit Öffentlichkeit verstärkt hat. Und kann das sehr gut verstehen.

Das Buch der jungen Frauen stand mehr als alle meine bisherigen Bücher im Zeichen dieser neuen Vorsicht. Wir haben sehr viel umformuliert und noch mehr weggelassen. Ich weiss nicht, ob diese Vorsicht frauenspezifisch ist, oder ob es mit den Erfahrungen mit Social Media oder dem derzeitigen Lauf der Welt zu tun hat. Ob es Behutsamkeit ist? Oder stehen junge Frauen grundsätzlich stärker unter Beobachtung als beispielsweise junge Männer? Wer beobachtet sie denn? Oder sind sie weniger mutig? Oder besonders genau und selbst-bewusst und ist mein Bild ihrer selbst zu wenig ihr Bild? Stand vielleicht mein Frau-Sein mir selber vor dem unvor-

eingenommenen Blick, standen mir die jungen Frauen zu nah? Ich weiss es nicht. Jedenfalls wollten drei den Text nicht freigeben.

Die erste war eine Wissenschaftlerin von Weltrang. Sie erklärte mir nach zwei langen Gesprächen, dass das Unterfangen für sie gefährlich sei. Das Risiko, ein einziges Wort zu übersehen, das ihr irgendwann schaden könne, sei gross. Sie müsse sich in einem sehr harten Umfeld behaupten, in einer Männerdomäne, es werde ohne Handschuhe um Karrieren und Pfründe gekämpft. Frauen stünden in diesem Umfeld nicht nur bezüglich Rocklängen (sic!) unter feindlicher Beobachtung.

Die zweite ist eine international gefragte Handwerkerin. Sie arbeitet als Grosse im Dienst von Grossen. Ihre schwierige und schöne Geschichte ist leidenschaftlich, sie ist Lebenswein, Wärme spendend, Mut schürend. Leider sagte sie mir, sinngemäss – Ich kann mein Leben jetzt einfach nicht öffentlich machen. Ich ertrage es nicht, in einen Spiegel zu sehen, der zeigt, was ich im Moment nicht mehr sehe. –

Die dritte ist eine Königin. Klug, schön, tüchtig und wortgewaltig. Sie ist es gewöhnt, dass man ihr huldigt. Modell sitzt sie eigentlich gegen Honorar. Gewöhnt ist sie sich auch, dass man ihr die Sätze verdreht, dass man ihr Bild als Zielscheibe missbraucht und damit sie und ihre Liebsten verletzt. Mein Vorhaben überstieg ihr Vertrauen. Schade, denn ich mochte ihr Bild, es war fein und beherzt. Vielleicht aber fürs Professionelle zu wenig verschönert.

Mit Bedauern und Hochachtung respektiere ich das. Es macht mich auch nachdenklich. Umso mehr verneige mich vor den acht Wagemutigen.

Die Erinnerung ist ein sehr persönliches Haus. Und ein einsames. Die Wahrheit hat ein eigenes.

Susanna Schwager, 2016

Tusha, 21

Aus der Stadt gelangt man mit der Schnellbahn hinaus an diesen Bahnhof. Der Bus führt weiter, an Bauernhöfen vorbei, die zwischen Einfamiliengebieten auf Abbruch warten. Ein Garten mit Johannisbeeren, roten, weissen, schwarzen, und jungen Obstbäumen, die die Stütze längst überragen. Am Eingang grüsst Buddha hinter einem Brünnchen die Eintretenden und die Vorübergehenden. Über der Haustür zwei Hufeisen und Ketten aus scharfen Peperoni. Eine kleine Kuh sitzt neben dem Schmutzabstreifer. Im Zimmer viele Kleider und Post in ordentlichen Stapeln. Über dem grossen Bett dreht ein Traumfänger.

Ich liebe den Himmel. Er ist das Allerschönste, was ich hier in meiner Gegend habe. Ich fötele eigentlich fast nichts ausser dem Himmel. Einfach nur immer wieder hier diesen Himmel und die Wolken. Sobald du rausgehst, ist er sofort da, bei dir, so offen und weit und auch immer voller Farben, immer anders. Weit und breit keine Berge. Und manchmal siehst einen Sonnenuntergang, dass es dir grad Tränen macht. Und in der Nacht sind hier so viele Sterne, dass du nicht mehr weisst, wo du bist, im Himmel oder auf der Erde. Das ist einfach mega schön im Aargau. Dass du so den ganzen Himmel bewachen kannst. Es ist sehr friedlich hier.

Dort drüben das riesen Feld, kannst ewig laufen und hast deine Ruhe. Noch weiter hinten haben wir das Schloss, auch schön. Und die Jugendlichen sind einfach irgendwodurch anders. Sie schauen nicht nur aufs Äussere wie in der Stadt. Die Kinder werden anders, sie grüssen dich und schauen nicht weg. Solange sie Kinder sind. Sie bleiben auch länger Kinder. Es gibt noch Bauern, bei denen kannst immer frische Milch und frische Eier holen. Schon alles ganz anders als in Örlikon.

Das hier ist Buddha, er grüsst und gibt allen Menschen einen Segen mit, die vorbeigehen. Sie finden ihn auch gut, die Leute hier. Und meine Eltern finden ihn auch gut. Er hatte noch einen ganz schönen Stein vor sich im Brunnen, aber der wurde uns geklaut. Meine Eltern finden auch Maria gut, sie gehen gern nach Einsiedeln in den Tempel. Buddha oder Ganesh oder Maria, das spielt uns nicht so eine Rolle. Einfach freundliche Geister, die kann man brauchen, egal, woher sie kommen.

Bei uns ist nicht so viel vorgeschrieben wie in anderen Religionen. Es gibt kein Buch, es gibt kein Gesetz. Es liegt bei dir, wie du es machst in deinem Leben. Die Priester beraten dich nur. Und es gibt Meditierende, die sind zum Beispiel in den Bergen und meditieren. Sie essen nicht, sie trinken nicht, aber sie rauchen ab und zu ein Jointli. Hasch ist das Kraut von Shiva. Und die Kuh ist seine Begleiterin. Auf der Kuh sitzen überall Götter, sie beschützt auch das Haus. Oder der Stier. Dort im Garten sitzt Ganesh, der Elefant, mit seinem Brunnen beim Teich. Wir mussten Gitter übers Wasser tun, weil die Landkatzen unsere Goldfische fressen. Der Vater hat selber mit Freunden den Teich gebuddelt und gemacht und getan.

Mein Vater hat alles gepflanzt, die Johannisbeersträucher besonders für mich, weil ich sie mega gern esse, aber auch Kirschen, Äpfel, Birnen, den Pfirsich da, nachatane noch Stachelbeeren. Mamma zündet jeden Morgen und jeden Abend bei Ganesh die Öllampe an und bringt ihm Blumen und Räucherzeug. Das Licht muss immer brennen, er hockt nicht gern im Dunkeln. Damit er nicht im Regen sitzt, haben wir ihm ein Dach über den Altar gebaut. So kann er uns besser beschützen. Ganesh ist der wichtigste. Und leider spielt er manchmal furchtbare Streiche.

Ja also, wie soll ich anfangen? Was soll ich jetzt sagen? – Das hier ist mein Zimmer. Diese Wände habe ich nicht selber gestrichen. Eigentlich wollte ich mega viele Farben kaufen und überall rumspritzen und tropfen und kleckern und machen und tun. So richtig mit dem grossen Pinsel wollte ich überall auf die langweiligen Wände schöne Farben verspritzen. Ein oder zwei Wände, dachte ich, mache ich so. Aber meine Eltern fanden das nicht eine gute Idee. Meine Mutter fand, lila ist schön und auch farbig, und dann liessen sie es einfach so anfertigen. Es hat mir dann schon gefallen. Aber es ist nicht – es ist nicht ich. Ich fühle mich zwar wohl hier drin, aber es ist nicht – mein Daheim. Es ist das Zimmer der Eltern, in dem ich wohne.

Ich gestalte gern die Sachen. Jetzt habe ich angefangen, meine Agenda zu gestalten, das ist jetzt mein Hobby. Mit meiner Agenda stehe ich leider ein bisschen auf Kriegsfuss, mit der Pünktlichkeit darin und so weiter. Das macht mir Mühe, auch in der Schule und in der Lehre. Also habe ich angefangen, die Agenda sehr schön und gestalterisch zu gestalten, damit ich sie lieber in die Hand nehme und anschaue. So mit Chläberli, buntem Klebband und mit Walfischen und Bildern von Freunden. Damit ich meine Verpflichtungen lieber anschaue und die Termine. Ich mag nicht so gern diese fixen Termine, (lacht) das hast du ja gemerkt. Ich habe nicht gern immer und ständig etwas vor.

Ich hätte jetzt Ferien gehabt, aber es war nicht erholsam. Eigentlich wollte ich rausgehen, Ausflüge machen, wirklich für mich sein und Zeit haben. Aber mein ganz grosser Bruder war hier, und ich mag ja meinen Bruder wirklich gern. Aber Ferien mit der Familie sind für mich – halt irgendwodurch – halt je nachdem eher –

nicht so – ja. Man hockt miteinander, schaut vielleicht einen Film, schwatzt, aber ich kann nicht weg spontan eins rauchen, oder weisch, halt mir das gönnen, was ich brauche in dem Sinn. Es ist dann immer eher wie immer, wenn du mit der Familie bist. Musst mit ihnen Zeug machen, willst aber eigentlich deine Kollegen sehen und musst ständig für die Familie schauen. Das ist jedes Mal Stress. Musst immer etwas organisieren und für sie da sein. So sind das nicht Ferien. Und dann hätte ich eine Woche arbeiten müssen und hätte dann nochmal ein bisschen frei gehabt. Und genau in der Woche, vom Montag auf den Dienstag, passierte das mit meinem Vater.

Geht der Tee? Musst sagen, wenn Mammi für dich zu viel Zucker hineingetan hat.

Wir mussten sofort ins Spital, das war klar, so wie er aussah. Sogar dort sind sie erschrocken, alle Pflegerinnen flüsterten nur noch. Dann sagten sie – Es tut uns leid, wir müssen Ihren Vater sofort nach Zürich bringen, dort gibt es eine Spezialklinik für diese Verletzungen. – Mit Blaulicht wurde er nach Zürich gerast, dann lag er zwei Wochen auf der Intensivstation. Ich fuhr jeden Abend nach dem Schaffen zu ihm, um halb sieben machen wir zu und um sieben konnte ich gehen. Und in den Ferien besuchte ich ihn zwei Wochen lang jeden Tag, stand am Morgen früh auf, fuhr hinaus nach dem Züri, bin zu meinem Pappi, und wenn er ein bisschen schlief, traf ich einen Kollegen in der Stadt. Das musste ich doch machen, ich bin sein einzigs Tochter. Und ich merkte einfach, dass er es braucht in der Situation. So wahnsinnig verzweifelt wie er war, schlimmer als ein Kind, also wirklich, es war mega schlimm für ihn. Er hatte das Gefühl – Jetzt sterbe ich. – Ich musste ihn ein bisschen motivieren und ihm ab und zu sagen – Du Pappi. Es gibt im Fall Schlimmeres. Neben dir liegt ein Mann, der hat seinen ganzen Körper verbrannt. Den mussten sie sogar in ein künstliches Koma legen, weil er sonst überegheie wür, durchdrehen von den Schmerzen. Und wenn du jetzt sagst, du hältst es nicht aus, was will dann er? Sollen wir dich auch in ein künstliches Koma legen, bis alles verheilt ist, wenn du so jammerst? Du musst positiv denken, es kann nur besser werden. Schlimmer kann es nicht werden.

Es nützte. Ich konnte ihn wirklich jeden Tag motivieren. Auf Deutsch gesagt, zusammenscheissen. Jeden Tag ein bisschen zusammengeschissen habe ich ihn, auf Tamilisch. Es war echt schlimm eine Zeitlang. Ich meine, es war doch nur da die Mitte betroffen, nicht alles. Aber für ihn der Weltuntergang. Klar, es war schon ein bisschen tragisch, da hier alles im Schoss und auch die Oberschenkel und der Hintern, alles so verbrüht. Aber am Kopf hatte er ja nichts und an den Händen und den Armen. Er wollte aber immer, dass ihm die Pflegerinnen das Essen eingeben und ihn schöggelen und bibäbelen. Ich musste ihm sagen – Hey Pappi. Es ist nur ab da unten etwas nicht gut, du kannst doch gut selber essen und bestens alles selber machen. Dein Maul funktioniert bestens. –

Sie haben mir dort gesagt, ich wäre eine gute Krankenpflegerin. Aber für diese Lehre brauchst eine so gute Schulabschlussnote, wie ich sie leider nicht hatte. Ich glaube auch, ich könnte das gut. Weil ich die Menschen gernhabe und auch gern ihre Geschichte höre. Und aber nicht zu weich bin. Das Pflegepersonal fand es gut, dass ich kam und zu meinem Vater sagte – Jetzt musst du aber wirklich aufhören da rumjömmerlen. Sondern jetzt bist ein Mann und ziehst das durch und bist ein bisschen tapfer. – Er lag halt immer nur traurig im Bett, sodass ich eines Tages sagen musste – So, Pappi, jetzt längt es mir einfach. – Ich stellte das Bett hoch und schlug die Decke zurück. – Jetzt stehst du auf. – Ich griff ihm so unter die Arme, wie die Pflegenden es mir gezeigt hatten. Und er folgte mir. Und dann war doch bald alles verheilt.

Männer sind ja oft sehr sensibel, ein bisschen zimperlich fast. Wenn es ihnen nicht so gut geht, geht es ihnen sehr schlecht. Sie können Schwäche nicht gut aushalten, sie beklagen sich nur noch. Aber jeder ist doch ab und zu schwach, jeden trifft es halt mal. Klar, es war bei meinem Vater schon extrem, was ihm passierte. Und ich machte diese Hilfe auch gern für meinen Pappi. Und er schätzte es. So sehr, dass er dann, als er wieder nach Hause konnte, immer weiter erwartete, dass ich ihm bei allem helfe. Dass ich schön nach der Arbeit ihm zur Verfügung stehe und ihn pflege und eincreme und tue und mache. Eine Weile machte ich ihm das noch, wenn ich heimkam nach dem Schaffen. Aber irgendwann wurde mir das zu viel.

Im Geschäft, als ich nach den Ferien ankam, entdeckte ich nämlich eine riesen Sauerei, die die anderen in meiner Abwesenheit nicht weggeputzt hatten. Und in dem Sinn musste ich das auch noch machen, neben der ganzen Arbeit, darum wurde auch das Schaffen stressig. Nebenher putze ich nämlich noch unsere Geschäftsräume, um meinen Lohn aufzubessern. Also waren die Ferien stressig und beim Schaffen wurde es stressig und dann noch jeden Abend den Vater eincremen – ich war wirklich kurz davor, dass es mir aushängte. Und so setzte ich mich an einem Abend mit meiner Mutter auf das Sofa und sagte – Schau, Mamma. Jetzt bin ich seit so vielen Wochen im Körperlichen wie im Seelischen und Psychischen unterwegs die ganze Zeit für andere und habe keine Ruhe und finde keine Ruhe für mich. Und raus kann ich auch nicht. Wenn dieser Mensch, der Vater, immer will, dass ich daheim bin. Ihr müsst das verstehen, dass ich auch Zeit für mich brauche. Dass ich Abstand von euch brauche und mal raus will und nicht nur euers liebs Töchterli sein will. Ich bin erwachsen. Immer für euch da sein geht nicht. Ich will auch draussen ein Leben haben, und zwar ein eigenes Leben.

Da fing er endlich an, sich selber einzucremen. Die Mutter kann das nicht, sie ist – auch recht sensibel, sie fällt bei jedem Tröpfli in Ohnmacht. Aber ich nahm mir dann mehr Freiheit und ging auch mal am Donnerstag weg und kam erst am Sonntag wieder heim. Am Anfang hatten sie grosse Schwierigkeiten damit. Bis ich einmal recht mega hässig wurde und es mir die Sicherung aushängte und ich ihnen alles an den Kopf warf – Ich bin einfach nicht mehr euers kleins Meitli! Ihr da und das da, dieses Haus, das ist nicht mein Leben! Es ist euers! – Das brauchte es. Und jetzt, wenn ich heimkomme, sagt der Vater nichts mehr gross. Er fragt nur jedes Mal, ob ich schon gegessen habe.

Ich kann mich schon verteidigen, ich habe das gelernt in Örlikon, in der Schule. Heutzutage kennen mich viele als die freche Frau. Auf Tamilisch gibt es ein Wort, waikaari, das ist eine mutige Frau, die ihre Meinung sagt und sich verteidigt und macht und tut. Das hat es in der Schule gebraucht, dass ich das lernte. Aber ich will nie einfach nur etwas behaupten, das nicht stimmt oder nicht gerechtfertigt ist. Wenn ich etwas sage, soll es gerecht sein. Egal für wen. Das einzige Problem, das ich immer habe, ist die Sprache. Dass ich mich nicht so gut formulieren kann, wie ich denke. Da ist immer die Grammatik und so, Artikel, so schwierig. Ich bin zwar hier geboren und habe schon immer auf Deutsch viel geredet, aber bei derdiedas mache ich Fehler. Auch anderes wird immer wieder so blöd falsch.

Stress machte ich den Eltern eigentlich nie, es kamen nie die Probleme wegen mir nach Hause. Sondern eher mit den Brüdern. In der Schule waren meine Brüder berühmt. Das war für mich manchmal Vorteil, manchmal Nachteil. Die Brüder kamen in Sri Lanka auf die Welt, zogen mit den Eltern hierher, als sie noch sehr klein waren. Mich mussten noch nie die Kollegen heimbringen, weil ich nicht mehr laufen konnte, und noch nie hat die Polizei geläutet, würklich nicht wie bei anderen. Ich habe noch nie etwas Schlimmes meinen Eltern getan, (lacht) ausser dass ich erwachsen wurde.

Das Einzige, das sie auf blöde Art rausfinden mussten – das mit dem Rauchen, mit dem Kiffen. Aber andere sind viel schlimmer. In dem Stress, in dem ich momentan bin, ist das Kiffen – es ist für mich wie ein Feierabendbier. Es holt mich runter, entspannt mich, ich kann den Kopf abstellen und ausruhen. Es darf einfach nicht zu viel werden. Das ist die Kunst. Und musst halt genau wissen, was du rauchst. Heute wollen alle verdienen am Gras, eine ganze Kette will mitverdienen, und so verschneiden sie es immer weiter, da muss man sehr aufpassen. Damit es nicht gestreckt ist oder mit Haarspray besprüht. Haarspray fährt auch ein, das mögen die einen, aber ich finde das grusig.

Und eben, sie fanden es mal raus. Und es gab sehr grossen Stress. Nur wegen einer Dummheit von mir. Ich hatte den ganzen Tag nichts Rechtes gegessen und kam nach Örlikon, traf mich dort mit meinem guten Kollegen beim Sternen. Und er so – Hättest du Lust? – Und ich so – Ja gern, ich nehme einzwei Züge. – Und später fuhr ich allein mit dem Tram zum HaBe, Hauptbahnhof Zürich. Und dort kollabierte mein Kreislauf. Weisch, dummerweise auf einem Gleis, so grad haargenau vor dem Zugführer. Der mich in dem Sinn voll auffing. Und natürlich ein bisschen geschockt war – Wuuuooo!! Junge Frau!? Was läuft?! – Ich hätte mir anscheinend um ein Haar den Kopf aufgeschlagen vor dem Zug. Und der Lokiführer ruft die Ambulanz in den HaBe, volles Programm. Und die Polizei kam auch noch. Das war richtiges extremes Pech. Ich hatte nämlich nicht dran gedacht, dass ich noch nicht achtzehn war. Und dass die Ambulanz darum der Polizei erzählen darf, was ich ihnen erzählt habe, nämlich dass ich ein paar Züge von einem Jointli geraucht hatte. Ich stieg aus dem Krankenwagen, und draussen warteten fünf Polizisten auf mich. – Sie dürfen grad mitkommen. – Die reden immer in dieser komischen Dürfen-Form. – Sie dürfen uns das grad nochmal erzählen. – Und weisch, ich war halt noch sochli drauf und fand alles eher lustig. Irgendwann holte mich mein grosser Bruder Gott sei Dank ab.

Und ich dachte schon, Schwein gehabt, weil mein Bruder petzt nicht bei den Eltern. Aber dann (lacht) – dann kam nach drei Monaten eine Rechnung heim. Von der Ambulanz, fünfhundert Stutz. Und die Krankenkasse wollte das nicht zahlen, und der arme Vater musste es beräppeln. Und nachatane – hja, kam der Vater zwei Tage nicht mehr heim, er verschwand einfach und meldete sich bei niemandem. Er flüchtete nach Zürich in den Tempel wegen mir, er betete und schlief auch dort. Und die ganze Zeit wussten wir nicht, wo er war. – Das war die Strafe für mich. Als wir ihn fanden, entschuldigte ich mich, aber ich sagte nicht, dass ich geraucht hatte. Ich musste eine Notlüge nehmen, dass ich aus Versehen Spice Cookies erwischt hätte bei einer Kollegin. Mittlerweile wissen sie es aber, dass ich ab und zu eins rauche am Abend, beim Kindergarten, sie sehen es mir an. Man bekommt ja diese kleinen Äuglein. Und ich verwechsle die Wörter, kann auch nicht mehr richtig Tamilisch.

Nach dem Schaffen gehe ich manchmal um die Hausecke, wo sie mich nicht sehen. Und am Tag gehe ich über die Felder an den Waldrand. Am liebsten gehe ich aber zum Kindergarten, dort ist eine kleine Bank und ein Dach. Das ist mein Plätzchen. Wenn ich Ruhe brauche und Stress abbauen will am Abend, dann bin ich dort.

Eigentlich sollte ich ja im Haushalt helfen. Aber ich finde – ich bin doch so selten daheim. Sie haben halt dieses grosse Haus gekauft. Mit vielen Zimmern für alle, die irgendwann mal kommen könnten. Das gibt viel Arbeit. Meine Mutter motzte schon oft, dass sie ganz allein ist mit dem grossen Haus und dem Garten.

Aber wenn ich daheim bin, finde ich kaum Zeit, ich komme von der Arbeit und bin kaputt. Und dann macht es das Mammi allein. Sie ist jetzt siebenundvierzig, hat mit achtzehn geheiratet. Und genau ein Jahr später kam mein Bruder auf die Welt, an ihrem Hochzeitstag. Und nochmal ein Jahr später der andere Bruder. Und dann mussten sie weg, dann mussten sie flüchten.

In Sri Lanka war mein Vater jemand, er hatte das Gymnasium gemacht und konnte studieren, Techniker. Aber während er lernte, starb sein Vater an einem Herzinfarkt. Die Männer in seiner Familie sterben alle gern früh. Der Vater musste das Studium abbrechen und arbeiten gehen, um seine Mutter und die Geschwister zu versorgen. Und so machte er einen Laden auf in der Gegend, wo meine Mutter wohnte, er flickte alte TVs, Receiver, Uhren, alles reparierte er. Und er sah dort immer meine Mamma und kannte ihre Kollegin und schaute, dass er ihr einen Liebesbrief zukommen lassen konnte. Und dass er dann später ihr irgendwie seine Liebe gestehen konnte. Aber als mein Vater mit seiner Mutter zur Mutter meiner Mutter kam und fragte, ob er meine Mamma heiraten dürfe, hatte meine Mamma gar keine Freude. Weil sie auch am Studieren war, Biologie, glaube ich. Aber nachatane hat sie sich halt irgendeinisch drein ergeben. Mit der Zeit. Und auch ein bisschen verliebt. Und mit achtzehn heiratete sie ihn dann.

Am Anfang musste sie sich ein bisschen dreinschicken, das erzählte sie mir. Sie hatte eben auch nicht so viel Wahl – weil ihr Vater sich von ihrer Mutter hatte scheiden lassen. Auf Deutsch abgehauen ist mit einer anderen. Und die Mamma musste mit ihm mit, aber sie wurde dann nicht gut behandelt. Die Stiefmutter hatte sie nicht gern und quälte sie. Leider ist das bei den Tamilen manchmal so, dass sie mit Schlagen und mit Gewalt etwas ausdrücken und bewirken wollen.

Und eben, als meine Mamma und mein Vater eine Familie wurden, mussten sie weg aus Sri Lanka. Weil die ganze Zeit Bomben vom Himmel herunterkamen, sie fielen aus dem Himmel und explodierten und machten alles kaputt. In den Häusern, in den Gärten, in den Leuten. Meine Mutter musste ständig meine Brüder packen und in den Bunker rennen. Es war ein Bürgerkrieg, alle gegen alle heisst das, die singalesischen Soldaten gegen die Tamil Tigers. Dazwischen all die vielen Menschen, die nichts dafür konnten. Ich weiss, überall gab es nur noch Gewalt und Vergewaltigung, auch später, als der sogenannte Frieden kam. Der Onkel von meiner Mutter war schon in der Schweiz und schaute, dass mein Vater zuerst heil hier ankam. Ganz genau weiss ich es nicht, weil ich nie gross nachgefragt habe. Weil ich mir vorstellen kann, wie schwer und traurig es für sie war. Wir reden nicht darüber.

Die Mutter erzählte nur eine Szene, als sie später mit den Brüdern nachkam. Ich denke auch nicht gern daran. Wie sie mit kaputten Füssen ohne Schuhe im hohen Schnee so weit laufen musste, mit den beiden kleinen Brüdern an den Händen, ganz allein. Ich glaube nicht, dass sie legal kamen. Sie kamen irgendwie nach Österreich an die Grenze und mussten dann zu Fuss weiter, bis zu einem Flüchtlingslager. Es war noch eine Frau in der Gruppe, die hatte überhaupt gar nichts mehr, und es ging ihr nicht gut, und sie war barfuss. Da gab ihr meine Mutter ihre Schuhe und lief in den Socken weiter. Der Schnee ging bis über die Knie. Man hatte sie irgendwo abgelagert, und dann mussten sie weit laufen, meine Mutter marschierte die ganze Strecke in den Söckli. Als sie beim Pappi ankam, waren ihre Füsse kaputt. Sie konnte nicht mehr stehen, mein Vater musste sofort in den Notfall mit ihr und machen und tun.

Ich frage sie nie richtig, weil – es mir richtig wehtut. Nur schon vom Zuhören. Und jedes Mal kommt irgendwodurch auch Wut und Trauer, das ist nicht gut. Über die Welt und warum es für so viele Menschen so schlecht ist. Wir haben grosses Glück hier im Aargau. Ich denke lieber, Hauptsache, es geht der Mamma jetzt gut. Und sie haben es auch zu etwas gebracht, sie können wirklich stolz sein, was sie zustande gebracht haben. Sie haben so extrem viel gearbeitet.

Dass ich Ausländerin bin, merke ich immer. Immer. Obwohl ich hier geboren bin. Aber das klebt an dir. Ich rede anders, ich mache andere Sachen, ich sehe anders aus. In der Schule war das ständig ein Thema, obwohl in der Klasse in Örlikon alle bis auf zwei sogenannte Ausländer waren. Die taten manchmal intoleranter als die Schweizer. Die Zeit in der Schule war wirklich nicht einfach. Erst ganz am Schluss fingen wir an, uns zu verstehen und wurden eine super Truppe. Da waren wir vor allem eine Klasse und nicht Tamilen, Schippis, Italos oder Brasilianer. Wir waren mit der Zeit richtig zu Hause in den provisorischen Baracken hinter dem Ligusterschulhaus, es wollte eigentlich keiner mehr weg.

Als Ausländerin tanzte ich zum Beispiel, das machte niemand sonst. Ich trat mit einer Gruppe Mädchen auf, wir waren viel zusammen. Jeden Sonntag hatte ich Unterricht, tamilischer Kulturtanz. Und meine Freundinnen gingen in den Ferien nach Indien – und eben – sie brachten Läuse heim. Und ich bekam natürlich diese Läuse auch, ich hatte ja Haare bis zur Taille, sehr dichte Haare. In der Schule war dann die Hölle los, logisch. Mega, mega. Jeder wusste, die Läuse kommen von der Tusha, und ich wurde deswegen gemobbt. Vor allem die Mütter waren gegen mich. Sie verboten den Kindern, mit mir zu spielen, und behaupteten, wir machten zu Hause nichts gegen die Läuse. Dabei wusch mir meine Mamma ständig die Haare, bis die Kopfhaut wund war, mit ganz scharfen Mitteln, jeden Tag. Aber die Läuse kamen halt jedes Mal wieder frischfröhlich mit meinen Freundinnen aus Indien angereist. Den Läusen gefällt es in den warmen Ländern und in dicken langen Haaren sowieso. Wenn ich ins Klassenzimmer kam, schrien die Mädchen – Wääh! Gang use! Hau ab mit deinen Läusen! – Ich weinte viel in der Zeit.

Auch ein bisschen wegen den Kleidern. Zum Beispiel brachte mir meine Grossmutter ein Röckli mit, als sie zu uns kam auf Besuch. Meistens trug ich sonst die Kleider meiner Brüder aus. An diesem Kleid hatte ich eine riesen Freude und zog es an in die Schule, ich war so stolz. Teletubbies waren darauf. Das war mal eine Fernsehserie für Kinder. Aber dann machte mich die Klasse fertig wegen diesen Teletubbies. Das sei nur etwas für Tubeli. – Hu, jetzt kann ich schmunzeln. Aber damals war das krass. Die Jungs machten mich sowieso fertig, weil ich die einzige Tamilin war und die Buben fast alle Schippis, Exjugoslawen, viele Serben. Sie schwangen die grosse Röhre, weil sie in der Mehrzahl waren, und die anderen gingen deshalb mit ihnen, weil sie in der Mehrzahl waren und grosse Röhren schwangen. Und weil sie zum Beispiel mich fertigmachten, was für eine Heldentat.

Manchmal ging ich zur Lehrerin und weinte und mötzelte und beklagte mich. Irgendeinisch sagte sie – Tusha! Du musst jetzt endlich aufhören mit Weinen. Du musst dich verteidigen. Mach dein Maul auf, du bist gescheit. Sag, was dir nicht passt. Sag es laut und deutlich. – Und ich probierte es, und seither habe ich gemerkt, dass ich das kann. Seit da verteidige ich mich und auch andere. Man hat im Kopf und im Maul gute Waffen, wenn man keine Angst hat. Sogar die Bruderliebe liess meine Freundinnen und mich von da an in Ruhe. Und mit der Zeit wurden wir diese super Klasse.

Ich glaube, das hat viel damit zu tun, dass wir uns wehrten.

Die Bruderliebe, das waren sechs Typen, ein Türke, drei Schippis, zwei Italos, die hingen zusammen rum und machten andere fertig. Das war ihre Hauptbeschäftigung. Uns zum Beispiel, die Tussis. Sie waren nicht schwul, sicher nicht, sie nannten sich einfach so, Bruderliebe. Schwul ging gar nicht. Wir hatten zwei, die outeten sich als schwul und lesbisch, aber damit hatte es sich. Ein Thema war es nie in der Klasse, nicht dass ich wüsste. Mit den Lehrern sprachen wir nie über solche Dinge, nie über Sexualität und nie über Aids, wirklich nie. Wir hatten das bisschen Aufklärung, das man amel hat, eine einzige Lektion über Verhütung, fertig. Die Jungs kamen ja schon wegen dem Wort Brust in Aufregung.

Dabei war das Thema Liebe und Sexualität ja immer und überall an erster Stelle. Als Schulstoff kam es nicht vor. Komisch eigentlich. Wir fanden trotzdem mit der Zeit eine Art Zuneigung zueinander, sodass wir uns mehr füreinander interessierten und machten und taten. Und uns nicht nur nervten und plagten. Aufs Mal denkst nicht mehr – Jöööh. Diese Bubis! Wie die nerven. – Sondern – Wooooow! Jungs!!! – Und aufs Mal findest auch die Liebe zueinander und den Kontakt.

Ich lernte dann auch, mich ein bisschen anders anzuziehen. Ich entdeckte neben meiner frechen sozusagen meine feminine Seite. Vorher hatte ich die Kleider meiner Brüder an, ich fand das cool, sie waren meine Vorbilder. Riesen Hosen und drüber so Schlabberzeug und Skaterschuhe. Eines Tages kam meine Freundin – So, Tusha. Jetzt müssen wir da was ändern. Du kannst einfach nicht mehr so rumlaufen. – Wir gingen shoppen, und dann lernte ich auch noch die Beine rasieren. Als ich dann so zurechtgemacht in die Schule kam – Wuoo! Tuuusha!? Du bist ja eine krasse Frau! – Das freute mich doch sochli, weil ich nicht nur wegen meiner frechen Schnure anerkannt wurde. Sondern auch als weibliches Wesen gesehen wurde. Aber ich finde, jede Frau soll sich anziehen, wie sie will, und wie es ihr gefällt.

Wir waren die Tussis, ein Trio. Zahra, Camilla und ich. Tamilin, Araberin und eine Originalschweizerin. Originalschweizer gab es wie gesagt praktisch keine, man hätte es auch sofort gemerkt. Sie sind anders. Ernster irgendwie, verantwortungsbewusster, und viel weniger lustig. Auch karrierebewusster, Schweizer wissen alle immer schon ganz früh, was sie werden wollen. Zu Hause ist es geordnet und organisiert, die Schuhe sauber vor der Tür aufgereiht. Camilla war die, die uns in dem Sinn führte, auch was Männergeschichten anbelangte. Wir gingen zum Beispiel in ein Klassenlager, und da war natürlich schon lange vorher so ein Kribbeln – Wououou. Vielleicht küssen wir jemanden. Und dann küssten wir aber halt nur die Camilla. Weil sich keiner der Jungs getraute – da brachte uns Camilla bei, wie man küsst. Moll. (lacht) Ich fand das aber ober mega grusig, richtig eklig. Mit lesbisch oder so hatte es nichts zu tun, wir dachten nicht an solche Sachen, wir übten einfach das Küssen. Ich nicht, ich schaute zu und fand es sozusagen amüsant. Aber grusig. Auch wie man Knutschflecken macht, führte uns Camilla vor, sie demonstrierte es an Zahra. Und die ging dann heim, und die Mutter wurde steihässig und kam in die Schule gerannt und kanzelte Camilla vor der ganzen Klasse ab. Was ihr einfalle, ihre Tochter zu küssen. Zahra war das natürlich extrem peinlich und Camilla auch.

Wir haben nie richtig miteinander geschlafen, niemand machte das. Ich sowieso nicht, ich wollte mich noch ein wenig aufheben. Früher war ich sehr religiös, aber mittlerweile – das mit den Männern ist schwierig. Schon seit meiner Kindheit hatte ich mir gewünscht, dass ich nur einen einzigen Mann kennenlernen würde in meinem Leben. Wie meine Mamma. Und ihn heiraten und dann lieben lernen würde. Mit ihm die Jugendzeit erleben und dann mit ihm erwachsen werden und dann mit ihm Kinder haben würde. Und dann mit ihm alt werden. Das stelle ich mir wunderschön vor, so einen Begleiter durch alles hindurch ein Leben lang. Das war halt etwas, das mich sochli enttäuschte und mich immer noch beschäftigt, was das anbelangt. Heute machen es alle anders, sie kommen und gehen. Ich bin mit diesem Traum – ziemlich sochli solo. Brauchst den Richtigen. Und den findest heutzutags einfach nicht.

Die heutigen Männer schauen nur aufs Äussere. Die Marken, die richtige Frisur, die richtige Figur. Sie schauen vor allem sich an. Sogar die Männer reden jetzt über Frisuren und wo sie die Schuhe kaufen. Das finde ich eben extrem unsexy. Aber es ist so. Und ich – möchte aber einen, bei dem das Äusserliche zwar nicht eine Katastrophe ist, aber das Innerliche schön. Ich bin sowieso eher, was das anbelangt, zurückhaltend. One-Night-Stands sind nicht meins. Den Ausgang entdeckte ich erst spät, erst mit neunzehn, diese Ausgangswelt mit Tanzen und Party und Trinken und tun und machen. Das Nachtleben kam erst, als wir in den Aargau zogen, da ging man immer nach Zürich in den Ausgang.

Der Hintergedanke, dass man dort vielleicht jemanden kennenlernt, ist schon vorhanden. Mit dem man an diesem Abend Spass haben und vielleicht auch zusammenbleiben kann. Dass man einen coolen Mann findet, einen guten. Aber gleichzeitig, wenn ich dann dort bin in einem Club, bin ich einfach nur für mich und in meinem Element und vergesse die Umgebung. Wenn irgendwo Musik läuft, bin ich am Tanzen. Weil ich nichts lieber mache als tanzen. Und wenn ich tanze, mache ich nichts anderes als tanzen. Das ist der Moment, wo ich nichts denke und nichts anderes will als tanzen. Und es mir nur einfach wohl ist. Meine Ohren hören, und ich lasse den Körper auf den Tönen gehen. Ich möchte immer die ganze Welt bereisen und überall sein, aber das geht ja nicht. Beim Tanzen bin ich überall und glücklich. – Aber ich ertrage es nicht allzu oft. Ich bin nachher die ganze Woche hindurch verschoben, ich muss mich immer lange von so einem Tanzausgang erholen.

Durch das Tanzen ziehe ich viele Blicke auf mich, das schon. Männer kommen und sind interessiert und geben Komplimente. Aber ich bin dann meistens die, die nicht interessiert ist. Fast nie interessiert mich die Person, die sich für mich interessiert, es ist wie verhext. Ich kann nicht so schnell ein Interesse aufbauen an einem Mann, zuallerletzt über Social Media. Ich muss jemanden in natura treffen und kennenlernen, sonst passiert nichts. Durch Facebook oder weiss Gott was geschieht ja nichts, was echt wäre.

Wirklich, es ist mega schwierig, einen guten Mann zu finden. Wenn du einen gutaussehenden vor dir hast, dann ist er meistens eingebildet und will dich nur als Sexobjekt für sich und seine Spiele. Wenn du dich dummerweise interessiert zeigst, sinkst du grad sofort im Wert. Er denkt – Aha, die könnte ich also haben. Dann käme ja vielleicht noch etwas Besseres. – Und geht weiter seine Markensachen pöschtelen und seine Selfies posten und Frauen anbaggern.

Es geht schon auch darum, dass ich mir selber ein bisschen Sorge tragen will. Ich habe viel gesehen. Und habe auch viele Männer kennengelernt, verschiedenste Typen. Ich kannte einen, der legte nicht so viel Wert auf sein Leben, ein riesen Getto überall, ein Minimalist. Geht nicht für mich. Und ich hatte auch mit Schickimickis zu tun. Und auch ältere Männer kannte ich. Aber es kam nie einer, bei dem ich dachte – den stelle ich meinem Vater vor. Noch nie stellte ich einen Mann meinem Vater vor.

Wirklich, ich verliere langsam die Hoffnung. Heutzutags auf dieser Welt geht es nur um Prestige und Karriere, ob Hipster oder Hippie oder Banker, alles die Gleichen, sie sind ein bisschen banal, und es geht nur um Äusserliches. Dazu kommt, dass sie keine Ahnung haben von Frauen, nicht mal das. Sie sind Nieten und kennen nur ihre Filmchen. Man muss ihnen alles beibringen. Da kommt man sich doch einfach blöd vor. Sie sind zwar schön, sind auch Muskelkater, aber man hat nur Sorgen mit ihnen. Viel Sorgen machen sie einem und viel Arbeit. (lacht) Immer die Manne! Mit meinem Vater ja auch.

Ich hätte am allerliebsten einen Partner, der die verschiedenen Welten alle ein bisschen kennt. Der gemischt ist wie ich und offen für vieles und für die ganze Welt. Einen, der Freude hätte an der tamilischen Kultur von meinen Eltern oder sie kennenlernen möchte, aber sich auch auskennt mit dem, was hier ist. So einen zu finden hier, ist fast unmöglich.

Darum will ich einfach weg. Irgendwo muss er sein. Und ich brauche selber auch einen Neustart. Bin am Studieren und Machen und Tun, wie ich hier rauskomme. Jetzt mach ich mal aber zuerst den Fahrausweis und die Lehre fertig.

Es gibt auch Ausnahmen, aber ich habe eben wenig Kontakt. In der Gewerbeschule mache ich mein Zeug und gehe wieder. Nur grad mit Eli, meinem Banknachbarn, habe ich Kontakt. Er ist Musiker, spielt in vier Bands, mit ihm verstehe ich mich wunderbar. Wir helfen uns. Es ist auch jetzt noch immer sehr anstrengend für mich in der Schule. Ich brauche viele Nerven, um mich zu konzentrieren, und am Ende vom Tag habe ich einfach keine Nerven mehr, will nur noch nach Hause und zu meinem Bänkli. Es sind alles Jungs, Sechzehnjährige, und die verhalten sich wie vierzehn, so huuuaaa huuuaa und hihihi. Und es gibt noch die Nerds, die sind ausschliesslich auf Gamen basiert. Dann gibt es Goa-Psy-Typen. Die konsumieren Drogen. Und einen Hiphopper und einen Gangster. Und mich. Und eben Eli, Gott sei Dank, der ist Singersongwriter, er spielt Gitarre und Schlagzeug und macht die Lehre in einem Instrumentenladen. Und sieht auch so aus. Frauenschwarm, klar. Verstrubbelte Haare und zu grosse farbige Hemden aus den Seventies und Cowboystiefel, mit denen er nicht laufen kann. Ich höre ihn immer von weitem kommen, fast humpelnd, togg, tatogg, togg, aha, Eli kommt. Ich freue mich, wenn er kommt. Wirklich ein schöner Mann. Er stammt aus Peru.

Er fragte mich sogar mal, ob ich Lust hätte, mitzukommen an sein Konzert. Aber für mich unmöglich, unter der Woche Ausgang und am nächsten Tag früh auf und arbeiten bis sieben. Es wäre mega spät geworden und irgendwo in Olten. Aber schon lustig, dass er das fragt. Manchmal schickt er auch verliebte Nachrichten. Und dann sagt er – Sorry, ich war besoffen. – Mal schauen. Jetzt ist Eli ämel wieder single.

An der Lehrstelle ist es nicht immer einfach. Ich arbeite bei einem Grosshändler für elektronische Artikel, es ist ein guter Laden. Ich bin sehr gern dort, super Leute. Aber der Chef sagt immer, ich müsse Gas geben, ich müsse Gas geben, Gas geben. Ich war halt manchmal faul und tue auch gern mal nichts. Und bin eben leider nicht immer pünktlich, das ist mein grosser Fehler, die Termine. Drum fing ich jetzt mein Hobby an mit der Agenda, sie ist gleichzeitig mein Tagebuch. Dann sehe ich die Termine automatisch. Ich sage es dir ehrlich, ich bin nicht immer ganz sicher, ob ich die Lehre fertigmachen will. Ich frage mich ständig, wozu? Wozu muss ich immer mit so vielen Terminen leben? Und habe gar keine Zeit, etwas richtig Wichtiges zu machen?

Ich habe einen allerbesten Kollegen, Mani, wenn ich mit ihm abmache, vergesse ich es nie. Ich kenne ihn schon ewig, er ist auch Tamile. Jetzt haben wir beide angefangen mit dem Trommeln, indische Trommel. Ich würde gern mal Indien kennenlernen, es ist nicht wie Sri Lanka. Mani und ich sind irgendwie gleich konzipiert. Wir verstehen uns, wir verstehen unser Leben durch einander, wenn man das so sagen kann. Ich kann ihm einen kleinen Anhaltspunkt geben, und er weiss sofort, wie es mir geht und was ich meine. Er hilft mir auch im Leben, er pusht mich, wenn ich wieder faul bin, und er sagt – Rauch nicht so viel, das tut dir nicht gut. Und iss etwas. – Er ist ein bisschen jünger.

Als das mit meinem Pappi passierte, war ich jeden Tag im Spital in Zürich. Und es war Mani, der mich jeden Tag anrief und sich Zeit nahm, damit ich mich ein bisschen erholen konnte, wenn mein Vater eingeschlafen war. Er war für mich da. Wenn ich mit ihm bin, ist alles irgendwie besser.

Mein Pappi ist ja wirklich ein guter Vater, und er hat immer wahnsinnig viel gearbeitet. Lange Zeit brauchte ich gar kein eigenes Bett, weil er so selten schlief. Er arbeitete jahrelang in einem teuren Restaurant am Zürichberg im Service. Aber nachatane entliessen sie ihn. Nach der ganzen langen Zeit. Sie sahen halt, dass es in dem Sinn billiger kommt, wenn sie Studenten einstellen. Gleichzeitig arbeitete er immer auch im Tempel in Glattbrugg, dort hat er einen Stand. Das Verkaufen liegt in der Familie, mein Vater ist ein Topverkäufer. Aber nach der Kündigung fand er keine Stelle mehr, logisch, mit fünfzig, wer will schon einen alten Kellner einstellen. Und darum musste er einen Job annehmen an der Langstrasse, im Kiosk. Sechs Tage in der Woche, mehr als zehn Stunden am Tag, und es ist dort auch sonst – bisschen streng. Und immer gibt es diese Zwischenfälle.

Zum Beispiel Banden mit Banditen und Frauen, die an der Langstrasse arbeiten – sie gehen zu dritt in den kleinen Laden und klauen. Oder einmal kamen junge Männer, die sechshundert Franken im Lotto gewonnen hatten, und wollten das Geld sofort einlösen. Aber das ging nicht. Sie waren sturzbetrunken und sagten zu meinem Vater – Gib uns sofort das Geld. Wir kennen deine Söhne und deine Tochter. Wir wissen, wo ihr wohnt. – Und mein Bruder hatte da schon einen doppelten Kieferbruch von einem Problem. Und die Männer sagten – Möchtest du, dass deine

Tochter auch noch im Spital landet? – Und irgendwodüre ist mein Vater einer, der nicht frech sein kann. Er ist der sehr anständige Mensch. Und gleichzeitig ist er einer, der nicht aufs Maul sitzen kann. Da schlugen sie ihn und leerten ihm eine Flasche Cola über den Kopf. Mein Vater arbeitet gar nicht gern dort, aber eine andere Möglichkeit hat er nicht.

Ich würde so wahnsinnig gern genug verdienen, damit ich meinen Vater unterstützen könnte und er nicht mehr arbeiten müsste, wo er nicht will. Ich dachte sogar daran, ein paar Männer als Bodyguards zu mieten, damit sie am Wochenende auf ihn aufpassen. Ich habe jetzt wirklich Angst um ihn. So gern würde ich ein kleins Lädeli finden für meinen Pappi, wo er Sachen reparieren könnte und endlich seinen Frieden haben. Er darf doch auch nichts Schweres mehr tragen, seit dem schweren Unfall.

Am frühen Morgen ist es passiert, er musste bis zwei arbeiten und kam sehr spät heim. Und war stark erkältet. Es war ein Dienstag, wo er sonst immer im Tempel schläft. Aber im Tempel hatte er das Gefühl – Ich muss heim. – Und ging heim und nahm zu Hause eine grosse Pfanne, in der man zum Beispiel Spaghetti kocht, und füllte sie mit heissem Wasser. Bei uns gibt es ja verschiedene Currys, die man ins Wasser tun kann, auch gegen eine Erkältung. Und mein Vater übertreibt halt so gern. Wenn es heisst, ein Päckli, nimmt er zwei oder auch drei. Genau wie an diesem Abend – statt einem Löffeli schüttete er das ganze Curry hinein und machte und tat. Und dann noch Vicks dazu, und kochte alles schön auf. Und dann stellte er die Pfanne auf den Couchtisch und setzte sich aufs Sofa und inhalierte. Er tat sich ein Tuch über den Kopf, aber nicht ein Badetuch, sondern einen Teil seines Rocks, den die Männer bei uns als Pyjama tragen. Und nahm also die Hälfte des Rocks über den Kopf und die andere schob er unter die Pfanne, damit kein Dampf verlorenging. (lacht)

Mein Vater ist wirklich ein Krasser, inhaliert mit dem ganzen scharfen Curry und dem Vicks darin.

Normalerweise machen ihm die Mutter oder die Grossmutter diese Sachen parat. Aber so spät wollte er niemanden wecken. Und machte den Sud viel zu heiss und viel zu stark und darum hielt er es nicht aus mit dem Kopf im Dampf. Und lehnte sich irgendwie nach hinten. Und weil das Tuch eingeklemmt war unter dem Topf, goss er sich die Pfanne über den Schoss. Den ganzen Topf siedend heisses Wasser mit dem vielen Curry und Vicks. Das Wasser versickerte natürlich nicht sofort auf dem Ledersofa, er sass einen rechten Moment in dem heissen Sud und verbrühte sich darum hinten und vorn. Dann rannte er ins Bad und liess kaltes Wasser darüberlaufen. Aber es war schon zu spät. Die Haut fiel in grossen Lappen ab.

Ich war am Schlafen und hörte ihn schreien. Und dachte noch, müssen die jetzt mitten in der Nacht einen solchen Krach haben. Plötzlich stand die Mutter an meinem Bett – Musst kommen! Dein Vater hat sich verbrannt. – Als ich es sah, war mir klar – Ausweis, Krankenkassenkarte, Pyjama und Zahnbürste. Sofort ins Spital. – Ich hatte ja zum Glück schon ein paar Praktika in Pflegeheimen gemacht. Es war besonders schlimm, weil eben Curry und Vicks im Wasser waren.

Die ganze Zeit weinte und klagte und jammerte er, er redete auch vom Sterben. Bis es mir dann wie gesagt aushängte. Ich war immer sehr lieb mit ihm, aber irgendwann sagte ich – Du kommst ins künstliche Koma, wenn du nicht aufhörst.

Ich habe eine grosse Verantwortung daheim. Aber dieser Unfall veränderte etwas zwischen uns. Unsere Beziehung war immer sehr nah, aber jetzt ist sie besser. Der Vater lässt mich mehr in Ruhe und lässt mich mehr machen, das war ein riesen Schritt. Ich glaube, jeder Vater will eigentlich seins kleins Mädchen behalten.

Ich merke, dass er sich grosse Mühe gibt, dass er zum Beispiel meine Meinung wissen will und zeigt, dass er mich schätzt. Und ich kann ihn auch mal kritisieren.

Trotzdem will ich mehr Abstand. Ich habe wirklich gute Eltern, ich liebe sie. Aber es veränderte sich etwas, in mir drin. Ich will hinaus, ich will etwas ändern. Obwohl ich mir gleichzeitig immer sage – Tusha, warum willst du etwas ändern? Kannst doch froh sein, geht es dir so gut. Sei zufrieden mit dem. Du bist in der Schweiz geboren, hast alle Freiheiten, bist nicht in Pakistan oder Syrien oder Afrika. Musst kein Kopftuch tragen und kannst sagen und machen, was du willst. Musst dich nicht verstecken und einen Mann bedienen. Hast gute Eltern, eine gute Lehrstelle, alle Möglichkeiten. Musst sie nur nehmen. – Ebe.

Mich nervt, dass wir Jugendlichen uns oft lieber als Opfer sehen. Ach, ich armes Huhn, warum fällt mir nicht einfach alles in den Schoss? Das brauche ich überhaupt nicht, dieses Jammern.

Mein Traum wäre in der Welt Sachen entdecken, Leute kennenlernen, den Horizont gross machen, (lacht) mit viel Himmel. Weisch, das ist eben das Problem – auf der einen Seite möchte ich ein freier Vogel sein. Und vielfältig unterwegs in der ganzen Welt. Und auf der anderen Seite möchte ich das typische Leben haben, das sich ein Mädchen ausdenkt – einen schönen Mann finden, heiraten, Kinder bekommen und ein bisschen schaffen.

Am schönsten wäre es, ich könnte alles auf der Welt miteinander verbinden. Nicht entweder oder, nicht hier oder da, nicht dieses oder jenes. Das ganze Leben. Und darf ich das sagen – ich habe das Gefühl – das kommt auch so.

Steff, 28

Es klingelt nicht, wenn man die Klingel am Container drückt, aber das Licht geht an. Sonst passiert nichts. In der Ferne gehen Züge, und eine lockere Kolonne Männer marschiert vorbei, im Sportsack das Schweisstuch. Ich setze mich im Hof auf eine alte Bank und esse das Curry vom Inder ein paar Stadthäuser weiter. Einmal kommt eine junge Frau aus dem Container, sie hat eine Zigarette in der Hand und ein Wäschekörbchen unter dem Arm. Sie lächelt, sie winkt und verschwindet im Keller des Blocks nebenan.

Hab dich ehrlich nicht erkannt, sorry, und so tief gepennt – setzen wir uns nach draussen? – Testest du zuerst? – Funktioniert das denn mit all den Zügen und dem Zeug im Hintergrund? – Ich weiss in etwa, wies läuft. – Und danke fürs Interesse an mir, obwohl ich grad keine Konzerte habe, freut mich ehrlich. – Kann ich rauchen? – Brauchst etwas zum Anziehen?

Bin grad aus Thailand gekommen, noch ein wenig verschoben, und Thailand wär ja nicht unbedingt zuoberst auf der Liste meiner Reiseziele, bin aber extrem froh, hab ich zugesagt, drei Wochen, mit einer Freundin, familystyle, Eltern, Schwo, Freunde, Freund, gefiel mir sehr gut, extrem schönes Land, jedenfalls was ich mitbekommen habe, auch von der Kultur, von der Natur her, vom Kulinarischen, von den ganzen Vibes, ist mir extrem tolerant und entspannt reingekommen, heisst, ich kann sein, wie ich will, auch als Frau, hatte das Gefühl, dass oft Frauen die Hosen anhaben, aufs Geschäft aufpassen, auf alles, habe viele Männer gesehen, die zu den Kids schauen, das war speziell, ich weiss nicht viel über das Land, aber zum Beispiel gibt es Ladyboys, biologische Männer, die sich als Frauen inszenieren, das kommt in den besten Familien vor, ist dort kein Geheimnis, keine Schande, cool.

Und bei uns ist es doch mittlerweile so, wenn eine Frau die Hosen anhat und Männerjobs macht, ist das legitim, aber umgekehrt nicht, das wird kritisch beäugt, wenn ein Mann seine weibliche Seite lebt oder in Frauenberufe will, ist das uncool, da sind die Rollen noch immer versteinert, aber eben, eigentlich weiss ich nicht viel von Thailand, weil ziemlich unvorbereitet, à la learning by doing, seit Dezember bin ich ständig unterwegs, gerate von einem Abenteuer ins nächste, hüpfe durch die Welt, gumpe, gumpe (lacht).

(Telefon mit Marimbaton) Üüüüü, das muss ich schnell nehmen, sorry, sonst nicht meine Art, hallo Vera, mir geht es gut, abgesehen davon, dass ich grad auf die Welt kam, weil ich eine Verabredung habe, also sie läuft schon, und hab sie völlig versifft, eine Woche verrutscht, aber wir bräuchten noch ein bisschen, würde das gehen? – Auso, cool, bin höllefroh, perfekt, sorry, noch nicht ganz da, auso, sagst einen lieben Gruss, schöne Nami, tschou.

Manchmal lösen sich die Probleme von selber, das ist äbe schön, man müsste sich gar nicht viel Sorgen machen, nur warten, aber wir sind immer an so vielen Dingen gleichzeitig, das fiel mir extrem auf, als ich zurückkam, ich mein vor ein paar Wochen aus der Karibik, und vor Thailand war ich neun Wochen in der Dominikanischen, da fiel mir das extrem auf, diese Gleichzeitigkeit von allem immer bei uns, viel zu viel und nichts wirklich richtig und immer überall und uhuere Stress.

Nach Thailand war ich grad noch in Zürich, mein Produzent hat dort ein Zimmer in seinem Studio, meine Wohnung hatte ich gekündigt, zu klein und ständig komische Geschichten mit den Nachbarn, davon will ich gar nicht anfangen, aber klar, so geht es nicht auf Dauer, und bei Dodo ist es cool, habe ich meine Sachen, heisst, kann dort hin, also vor Abflügen und beim Heimkommen, aber soll ich noch fertig von Thailand erzählen?

Thailand hat gegen aussen etwas Heiles, es kommt sicher drauf an, wo man hingeht, ich bin nicht wirklich der Gruppenmensch, schon Teamplayer, wenn es gefragt ist, aber ich muss unbedingt meinen Raum und meine Zeit haben und mich zurückziehen können, und so machte ich meine kleinen Ausflüge, im Sinn von Entdecken, fand einen verborgenen Strand und spazierte in irgendwelche Höhlen und kletterte auf Felsen und sprang hinunter und war auf eigene Faust unterwegs und schlief auch noch drei Nächte im Wald im Nationalpark in einem Bungalow aus Rattan und Bambus, der schwamm auf einem See, schwebte so lautlos, trieb auf einem riesigen Wasser, viele Hüttchen, alle einzeln, aber sternförmig miteinander verbunden, in der Mitte das Herzhaus und dazwischen die Weglein aus Brettern und feissen Baumstämmen, und alles so schön floating, und es schwankt und wippt und wellt, wenn du läufst, und tönt, Regenzeit, Oberhammer, wirklich schön, die Natur und das Wasser, dunkel, sauber, keine Mücken, keine Schlangen, keine nichts, keine Menschen, machst am Morgen deinen Bungalow auf und springst von der Insel ins Klare, bist glücklich, ich habe die ganze Zeit nie geduscht, nichts vermisst, bist einfach wunschlos glücklich. (raucht)

Davor war ich eben in der anderen Richtung, Dominikanische, das ist für mich ein zweites Daheim, war schon siebenmal dort, eine Tante wohnt da, ist ausgewandert mit ihrem Sohn, sie bekommt jetzt AHV, hat ein Leben lang gebügelt, Familienbetrieb, nie angestellt, alles gemacht, alte Schule halt, und bekommt jetzt ein Butterbrot, in der Karibik langts, und ich besuche sie oft, diesmal wars länger, extrem cool, hönneviel erlebt, weiss gar nicht, was genau mir gefiel, möchte nicht zu viel Clichés bedienen und zu viel romantisieren, aber man landet unweigerlich in dem, sie sind dort schon sehr, sehr, sehr entspannt.

Auf dieser Insel gibt es alles, was ich für das Glück eigentlich bräuchte, ich war nach der Matura ein halbes Jahr dort, hatte am Anfang mit Haitianern zu tun, weil ich noch nicht Spanisch konnte, aber Französisch schon, und es gab zwei Jungs, so in meinem Alter, die studierten in Santiago und bügelten in der Bar, in der ich aube hockte, und einer sagte, er würde gerne Deutsch lernen, weil sein Vermieter Deutscher sei, ob ich ihm helfen könne, und ich sagte – Ja gern, ha ja Zitt – und er – Was willst dafür? – und ich – Geld nicht, aber vielleicht willst mir etwas beibringen? – und dann brachte er mir Kreol bei, und dann bekam ein Kollege Wind und sagte, er müsse sein Englisch verbessern fürs Studium, ob ich ihm helfen könne, und ich – Ja klar, was kannst du mir beibringen? – und er hatte mit Kollegen eine Tanzschule in Port-au-Prince, und so lernte ich Salsa tanzen, die Sprachlektionen hatten wir irgendwo, in einer Bar, am Strand, aber die Tanzstunden in meinem Studio, das war gäbiger, er brachte sein Radiöli mit, da läuft immer Salsa, und für mich war es angenehmer als am Strand, wo alle zuschauen, und es gab nie Probleme, dass einer mehr wollte als das, was abgemacht war.

Vor kurzem war ich wieder da, ein Rapperkollege aus der Schweiz hielt Hochzeit dort, seine Frau ist Dominikanerin, und wieder habe ich so viele gute Leute kennengelernt, und wieder die Insel von einer neuen Seite gesehen, mehr von der Stadtseite, Kulturseite, auch cool, das wusste ich nicht, war sonst mehr auf dem Land, und bin aber schon eine Stadtpflanze, vermisse nach zu viel Natur immer die Stadt und die intellektuellen und die kulturellen Anreize oder zumindest den Austausch, das fängt mir an zu fehlen, das brauche ich mehr, als ich dachte, aber diesmal habe ich gemerkt, dass es auf dieser Insel alles gibt, was ich brauche, Natur und Kultur und gute Leute und Einsamkeit.

Bin wahnsinnig obenabecho, hat mir gutgetan, fühl mich entspannt, bin ein Kopfmensch, alles kopflastig bei mir, immer die Energie im Gring, immer am Grübeln und Denken und Tüfteln, nicht in den Füssen und nicht im Körper, und aber hingegen im Vergleich ist dort das Leben einfach, du bist, was du bist und was du kannst, und das ist okay, das hilft mir extrem, tut wahnsinnig gut, dieses Geerdelte, Sinnliche, Lustige, Bödelete, so vollrohr Cliché, aber wahr.

Und kam dann zurück, und ist mir noch nie so krass eingefahren, vielleicht ist das zu pauschal und ein wenig frech, vielleicht ja auch eine persönliche Projektion, aber ich sah es so deutlich, unsere Gesellschaft, also ich und meine Umgebung hier, einfach alles um mich herum, total neurotisch, total gestresst alle, ungesund, überspannt und vollgepackt mit Terminen und Projekten und zugeplant und uhuere am Limit jeder und jede, und es braucht nicht viel, tigg, tagg, die Leute rasten aus, und dann auch, das seh ich immer klarer, diese extrem armen Leute hier, nicht finanziell, aber seelisch verhungert, wenn ich durch die Stadt laufe und im Tram hocke, diese Zombies überall, grau, leer, sie lauern abgelöscht herum, Seele zu, und ich denke, was ist hier eigentlich das Problem, Freunde, keine Lust, nirgends Freude, Freude ist uncool, sie hängen am Handy, und sonst sind sie tot.

Ich las mal von Peter Bichsel ein Buch, Des Schweizers Schweiz, ist mir eingefahren, gibt feine Antworten, zum Beispiel zum Virus Reichtum, von dem wir alle angesteckt sind, ist ein altes Buch, aber so luzid und aktuell, und auch in der Dominikanischen merkst, wo der Virus hockt, merkst es sofort, wir waren für die Hochzeitsfeier in einem Fünfsternhotel, und die Leute drin so angepisst, in ihrem armseligen Prunk, beschweren sich ständig, so huere verwöhnt und so giftig, und sie rempeln herum.

Ich denke mir oft, zum Beispiel in unserer sagen wir technologisch und finanziell hoch entwickelten oder zumindest hochkomplexen Gesellschaft bewegen wir uns auf einem lebensfremd abstrakten Level von Existenz, sodass wir nicht mehr wissen, was uns wirklich ausmacht und was real wichtig ist, nämlich drei Teile, wovon wir den einen vergessen, den anderen falsch verstehen und den dritten überschätzen, nämlich das Geistige, Intellektuelle, das ist viel zu hoch im Kurs, Zahlenbeigen, Statistiken, das ist wichtig, aber es ist nicht die Essenz und schon gar nicht die Wahrheit und zuletzt das Zentrum der Existenz, das sehe ich viel eher im zweiten, im Körper, und aber voll und ganz im ersten, im Herz oder wie man es nennt, das ist das Zentrum, alles andere entsteht nur daraus.

Ich glaube, wenn alles von dort, vom eigenen Herz, vom Zentrum aus startet, egal was, wenn das gelingt, dann ist man erfüllt am Schluss, dann ist man im Reinen, vielleicht nicht im Blütenweissen, aber im Guten, weil im Warmen, und ich stelle mir vor, das macht, dass alles gut ist am Schluss und sich gelohnt hat, und man kann dann gehen und von der Bühne abtreten, aber das ist jetzt nicht der Punkt.

Wir vergessen eben, wie wichtig es ist, wenn man finanziell schlecht dasteht oder keine gute Ausbildung hat, aber mit sich im Reinen ist und mit den Freunden und der Familie, also mit der Umgebung in gutem Kontakt ist, dann kann man trotzdem glücklich sein, kann einem nicht viel passieren, und ich sehe doch hier, wie ferngesteuert wir sind von der Wirtschaft und dem Konsumwahn, und legen brav den Fokus aufs Fitte, aufs materiell Erfolgreiche, haben keine Zeit fürs Wichtige, sind alle am Optimieren, am Aus- und Weiterbilden und seckeln brav im

Hamsterrad und verdienen enorme Summen für Zeug, das wir nicht brauchen und auch nicht wollen, aber eingeflüstert bekommen, und legen krasse Rennstrecken hin und machen alles mit und panzern uns mit Scheisse und vergessen, dass wir Menschen sind, die gesäugt werden wollen und gestreichelt und gehätschelt, damit wir überhaupt ins Leben können, dass wir geliebt werden müssen, um zu existieren, dass wir ein Herz haben, das Nahrung braucht, und Antennen, die Feines hören, und eine Haut ohne dickes Fell.

Mir hat zum Beispiel hönne gutgetan, mit einer Freundin letztes Jahr vom Frühling bis im Herbst einen Gärtchen zu bestellen, vier Beetli, einfach extrem gutgetan hat es, ich pflanze, ich jäte, ich schaue, ich giesse, ich bibäbele und binde hoch und ein paar Monate später lebt es, blüht es, kannst dich freuen und andere damit, das war fast therapeutisch, fast spirituell.

Zu Hause hatten wir auch einen Garten, meine Mam ist gelernte Floristin, sie war als Kind viel im Wald, fast immer allein, das erzählte sie mal, sie fühlte sich aufgehoben im Wald, und weil sie so gern Pflanzen hat, lernte sie diesen Knochenjob, man verdient gar nichts und krampft extrem, aber bald konnte sie nicht mehr mit den langsamen Pflanzen arbeiten, weil sie drei Kinder bekam, nämlich uns, und weil sie allein war mit uns und weil sie schauen musste, dass schnell richtig Stutz hereinkam, genügend Geld für alles, für den älteren Bruder, für mich und für meinen jüngeren.

(Telefon marimbat) Kenn ich nicht, nehm ich nicht ab.

Zuerst wohnten wir in einem lustigen Häuschen auf Stelzen, Zweizimmerwohnung, zu viert, ein kleines und ein grosses Zimmer, wir Kinder im grossen, sie im kleinen, der Vater nicht da, es war grad sochli viel für meine Mam, mit den Kindern, mit dem Garten, mit der Büez und mit dem Vater, den es gab, der aber nicht da war, auch mit meinem jüngeren Bruder, der noch spezielle Aufmerksamkeit brauchte, aber das Schöne war, dass wir schon als Kind viel mit ihr im Garten werkten, im Spittelacher, meine Mam nahm uns mit und erklärte uns, wie es geht und wie es heisst, und am Schluss konnte man es essen oder nach Hause nehmen oder verschenken oder in eine Vase tun, das war Geborgenheit, wahrscheinlich habe ich drum hier überall Töpfe mit Kraut, es särbelt zwar alles immer, weil ich zu viel unterwegs bin für die Pflanzen, der Lorbeer ist heikel, man sieht ihm das Leiden und die Vernachlässigung an.

Ja, wenn ich es denke, macht es mich stumm, meine Mam gab uns alles. (raucht)

Der Vater ist ein anderes Kapitel.

Vom Vater erzähl ich dir gern, aber ich weiss nicht, ob ich es lesen will, ich hab es noch nie gross erzählt, weil es für mich selber nicht klar, alles noch am Anfang ist, vielleicht lassen wirs weg, aber ich vertrau dir und wir schauen, der Vater ist ein enormes Thema, übergross, ein Koloss, es kostet Überwindung, da Bewegung hineinzubringen, hab schon ein paar Versuche gestartet, ich brauche ruhige Momente, um diesen Überseekoffer zu öffnen, er hat seine Rolle als Vater nie genommen, das konnte er nicht, und ich hab das Manko nähär in dem Koffer versorgt und ihn beschriftet und die Erklärung dazugelegt, es kann niemand etwas dafür, aber für dich als Kind ist das scheissegal, du willst und brauchst einen Vater.

Mit der Mutter konnte ich viel besprechen, wir haben viel mitbekommen von den Dramen, die Mutter hat viel mit mir gesprochen, mit jemandem musste sie ja reden, sie hat nichts unter den Teppich gekehrt, vielleicht war es manchmal zu viel für ein Kind, aber ich weiss, ich hab extrem viel gelernt, es war eine harte Schule, aber eine gute, weil wahr.

Wollen wir in die Kühle dort rütschen, unter dem Bäumchen dort drüben ist der Halbschatten perfekt.

Dass der Bruder anders war als alle andern, war der Mutter schon klar, als er auf die Welt kam, man wusste noch wenig über Autismus, sie war ziemlich allein mit ihrem Gefühl, dass etwas nicht stimmt, ich kann mich noch erinnern, dass ich sie fragte, wann er denn endlich etwas sage, aber bis ein Arzt die Eier hatte, eine Diagnose zu stellen, dauerte es ewig, sie verlor dann ihre Stelle, weil mein Bruder ganz andere Schulzeiten hatte, erst um neun abgeholt wurde und schon um vier heimkam, das war hart, weil sie doch unbedingt bügeln wollte und nicht betteln, aber für diesen Tagesrhythmus gab es keinen Job in der Schweiz, sie bewarb sich zwei Jahre, fand aber nichts und musste staatliche Hilfe beantragen schliesslich.

Es gab Zeiten, wo ich mich sehr dafür schämte, Sozialhilfe, nicht cool, das Gefühl, wir sind arm und abhängig von Ämtern, und es gab diese Phase, wo du mitmachen willst und dabei sein musst, und dann willst halt auch mal Marken-Trainerhosen, und das Mami erklärt – Schau, ich würd ja gern, aber wir müssen sparen – oder es gab so Momente, wo du dich in der Schule anmelden musst für die Winterhilfe, Winterkleider für die Ärmsten, einen Zettel ausfüllen und zum Lehrer nach vorn ans Pult gehen und den Antrag abgeben, das sind so kleine Momente, die vergisst du dein Leben lang nie, das fräst dir für immer uhuere ein.

Es ging uns dann später wieder gut, mein Bruder fing sich zunehmend auf und meine Mam fand wieder eine Stelle, sie verlor eben nie den Mut und nie die Hoffnung und auch die Energie verlor sie nie, ich habe hönne Respekt, bekam so viel Nützliches von daheim, Gescheites, Warmes, meine Mutter vollbrachte eine Meisterleistung, indem sie uns Umstände schuf und eine Atmosphäre, in der wir gedeihen und wachsen konnten, trotz all den

Problemen, bin ihr krass dankbar, auso weisch, sie lehrte uns vertrauen, das auch noch.

Und drum geht mir in der Schweiz so vieles auf den Geist, wo die meisten alles haben, das Gejammer, das Gekäre, das verdammte Gegeize, das fiel mir in der Dominikanischen wie Schuppen von den Augen, nach der Matur, ich bin neugierig und lerne gern von Leuten, und die Menschen luden mich zu sich nach Hause ein, das ist dort extrem wichtig, dass man die Familie kennenlernt und sieht, wie man wohnt und was man isst und wie man schläft, also wer man ist, und eben, das waren Hüttchen mit Wellblechdach und Kerzenlicht, sehr arm und simpel, aber daneben ein hönne fetter Karren, aus dem die Musik abgefeuert wird, und ich schlief mit der Schwägerin im Bett, sie machte mir Platz, ein Bad gab es nicht, aber es gingen alle zusammen in den Fluss, sie plantschten wie die Gofen, das war ein Gaudi, und es gab immer Grund für ein Fest, fast jeden Tag.

In der Schweiz habe ich zu den Ärmsten gehört, Working Poor, aber global gesehen bin ich reich und habe viel mehr als fast alle, verdammt reich, nämlich nur schon deshalb, weil ich einen Schweizer Pass habe, das ist doch ein Ticket überallhin und zu fast allem, ich bin jung, ich bin gesund, habe die Matura im Sack, habe Bildung vom Feinsten, voilà, schon das zweite Ticket, kann Sprachen und habe vertrauenswürdige Beziehungen in die ganze Welt, also kann ich sogar, wenn ich ganz wenig Geld habe und nichts besitze, mir überall auf der Welt fast alles beschaffen.

Bei uns gibt es von allem zu viel, es herrscht grausiger Überfluss, das macht doof und träg und trüb, darum geniesse ich es hier in der neuen Bude, alles ist noch leer und klar, der Überfluss noch nicht angekommen, das Überflüssige klebt noch nicht überall, jetzt wäre noch Raum für Bewegung und Unerwartetes, und trotzdem dümpelst wie alle, das krasse Rauf und Runter ist anderswo, und das ist hönne bequem, aber hönne öd, wir sind Papierschiffli im begradigten Fluss, drum suchen wir Probleme, die keine sind, aber machen, dass wir uns besser fühlen, wir fabrizieren Abenteuer oder bekommen Depressionen, oder wir tiggen aus, um endlich zu spüren, dass wir da sind, aber wehe, unser Schiffchen kommt ins wirklich Ruche, dann saufen wir ab.

Und alles hockt im Kopf und bläht sich dort auf, aber hey, Schaffen ist nicht das ganze Leben, das ist banal, aber schwer in die Köpfe zu kriegen, vom Geniessen haben wir wenig Ahnung, obwohl jetzt dafür Kürsli und neue Wörter angeboten werden, Worklifebalance, so ein Quatsch, das lernst nimmer, alle hoppeln zur Fortbildung, das ist ein neokapitalistischer Geldmachtrick, wir bereiten uns endlos vor fürs richtige Leben, wollen von Leuten das Leben lernen, die auch nicht leben, glauben, es kommt, wenn wir nur richtig vorbereitet sind und perfekt ausgerüstet, scheffeln Stutz und verlieren Zeit und verschieben das Leben.

Ich ging nicht gern ins Gymnasium, inkompetente Lehrer und Lehrerinnen, es gab zum Beispiel einen, der verteilte seit dreissig Jahren die gleichen Blätter, die waren noch mit Schreibmaschine geschrieben, ich fand den Respekt nie, um so etwas lernen zu wollen, ich fand, Alter, du gibst dir keine Mühe, holst deinen fetten Lohn ab und tust nichts dafür, und sie machten am Gymer auch so auf Elite, das hörten wir ständig, von einer Elite erwarte ich persönlich aber etwas Besonderes, einen Dienst an der Menschheit, und nicht diese Attitüde – Ha, ich bin im Fall – und dann waren halt viele aus diesen steueroptimierten Milieus, und zudem ist unser Schulsystem, vor allem am Gymer, veraltet, verkopft und verknorzt, wird den Jungen überhaupt nicht gerecht, schon gar nicht Leuten ab meiner Generation, und im letzten Jahr zitierte mich eine Lehrerin, weil wir eine unruhige Klasse waren, alles Mädchen, logo, Jungs im Mathematischen, Frauen im Literar, sie sagte, ich solle einen guten Einfluss auf die Klasse nehmen, und ich sagte, dass ich den sozialen Umgang an der Schule miserabel fände, und sie sagte, mit solch übersteigerten Ansprüchen müsse ich an eine Steinerschule und nicht an die öffentliche, krass.

Ich fing dann an, mich für Politik zu interessieren, verkehrte in der Reitschule, wir hatten konspirative Treffen in den Kellern, wo wir todernst unsere Akkus aus den Handys nahmen, damit man uns nicht überwachen könne, und wir organisierten Demos und druckten Flyer und machten Sit-ins vor der amerikanischen Botschaft, wegen dem Irak-Krieg, und ich hatte schon die ersten Bühnenauftritte, aber klar, ich musste alles an mir überprüfen, wurde so erzogen, mich selbst zu befragen, wie konsequent bist du selber, und je mehr ich das Zeug auf mich selbst bezog, desto mehr ahnte ich, dass ich vielleicht nicht so legitimiert bin, Forderungen zu stellen, weil ich es auch nicht besser machte, und mit der Zeit musste ich schauen, dass ich in der Schule nicht abhängte und die Matur vermasselte, und so fing ich an, mir die knappe Zeit vor allem für das Musikding zu nehmen, für Rap.

Es gab auch Figuren und Dynamiken bei den politischen Jugendlichen, die mich abtörnten, das Machoide und Destruktive, ich ziele nie auf Menschen, dort hört es auf bei mir, und ging eben auch nicht sprayen, weil ich fand, wenn sie mich picken, dann muss das meine Mam berappen und das will ich ihr nicht antun, und generell kann ich mit dem Destruktiven wenig anfangen, es langweilt mich inzwischen, immer nur gegen etwas zu sein, das ist doch billig, das ist nicht kreativ, meine Mam sagte immer, das Universum versteht die Verneinung nicht, wenn du sagst, ich will nicht krank sein, dann versteht das Universum nur krank, du musst sagen, ich will gesund sein, also wenn wir keine Rassisten sind, was sind wir dann, und wenn wir keine Kapitalisten sind, auch keine Spekulanten, wer sind wir, sag, wer sind wir, komm, wir geben uns Namen.

Ich will meine Energie lieber auf etwas Konkretes lenken und die Gedanken auf ein positives Bild, das ist wie beim Körper, wenn du dem, was gut ist, Energie gibst, dann wächst es und verdrängt das, was du nicht willst, das geht fast von allein, du musst dich nicht zuerst um das Schlechte kümmern, sondern viel mehr um das Gute, musst es rufen.

Es gibt ja die Vorstellung vom Gärtner und der Bildhauerin, der Gärtner vertraut darauf, dass schon alles angelegt ist im Samen und dass du nur den Humus dazugeben musst und jäten und giessen und dafür schauen, dass genügend Platz da ist und Licht, dann entwickelt es sich von allein, und die Bildhauerin glaubt, sie formt alles selber und sonst ist nichts, bin halt eher Gärtnerin und sehe die Dinge gern wachsen, sowieso ist das Inspirierendste überhaupt, wenn man von etwas beseelt ist und so lebt, dass es gedeihen kann und wachsen und ausstrahlen, dann braucht es das Predigen nicht.

Mit neun habe ich aufgehört Fleisch zu essen und Fisch, damals hiess es ja, ich könne mich nicht richtig entwickeln, aber es gibt mich noch, inzwischen esse ich auch Meerfrüchte, wenn ich am Meer bin, Vegetarierin wurde ich aus emotionalen Gründen, mag nicht darüber reden, übers Fleisch- oder nicht Fleischessen wurde schon alles geschwatzt, ich denke, es hat in erster Linie mit Respekt zu tun, wie fast alles im Leben, dieses Gschnäderfrässige von vielen Leuten geht mir auf den Sack, das ist auch Respektlosigkeit dem Leben gegenüber, und diese Sprüche nerven – Ha, du isst den Kühen das Gras weg – und – Mmmh, schau mal diese wunderschöne Wurst –, inzwischen hat es sich ein bisschen normalisiert, und nachdenklich macht mich, dass mein kleiner Brüetsch mit seiner Beziehungsstörung als Autist keine Tiere isst.

Er wohnt jetzt mit meiner Mutter, er lebte immer mit uns, mit achtzehn hätte er eine Anlehre machen können als Instrumentenbauer, hat aber nicht geklappt, weil er allergisch ist auf Holzstaub, und es war der Mutter dort ein bisschen zu anthroposophisch, das hat sicher seine gute Seiten, aber er durfte nicht fernsehen und nicht mit Robotern spielen, aber Fernsehen und Filme sind seine grösste Leidenschaft, und meine Mam fand, sie wolle ihn eigentlich nicht weggeben, sie habe auch ihre anderen Kinder nicht weggegeben, aber ich glaube, sie ist allmählich müde, ständig eine gute Lösung zu suchen, das ist bei autistischen Menschen schwierig, du kannst sie von nichts überzeugen, mein Bruder hat seine Vorlieben und basta.

Logischerweise hat meine Musik viel zu tun mit meinem Leben, aber ich komme nicht aus einer Musikerfamilie, alle singen zwar, aber nicht ambitioniert, hingegen weiss mein älterer Bruder viel über Musik, extrem, ich habe das von ihm, er gab mir eine Art Nachhilfe, weil es ihm sochli peinlich war, wenn die jüngere Schwester, die er so oft mitnehmen musste, einen grauslichen Musikgeschmack vorlegte, man hat ja so Pickelanfälle mit Bravo-Hits und Spice Girls und Back Street Boys, für ihn war es enorm wichtig, dass seine Schwester nicht Schrottmüll hörte, er hielt mir immer den Kopfhörer hin – Das ist gute Musik –, und er hatte eben eine Phase mit Hip-Hop und Rap und brannte mir auch CDs, und einmal bekam ich von ihm zwei Scheiben, da war ich etwa zwölf, die hauten mich um.

Es war Musik, extrem rhythmisch, extrem sinnlich, Beatbox nennt man es, das kannten wenige, aber dass Frauen sich für Rap interessieren, ist glaub nicht so ungewöhnlich, wobei es sicher mehr Jungs sind, das lag mir eben, ich hing schon immer gern mit den Jungs rum, war sochli ein Tomboy, war frech und vorlaut und kletterte überall hoch, aber ich würde sagen, frech mit Fingerspitzengefühl, ich merke sehr gut, wenn es zu weit geht, vielleicht bin ich zu sensibel, um wirklich frech zu sein, weil ich immer die anderen ganz stark mitbekomme.

Beatboxen war mein Ding von Anfang an, absolut klar, es hat nichts mit Boxen zu tun, es ist Vokalperkussion, Geräusche machen mit den Lippen, mit der Zunge, der Nase, mit dem Gaumen, den Backen, dem Kehlkopf, es geht darum, etwas zum Klingen zu bringen durch den Mund, den Atem, deinen Körper, in den Siebzigern, Achtzigern fingen ein paar damit an, die Geräusche zu verstärken, man nannte sie zuerst Humanbeatbox, und es war wirklich so, ich verliebte mich in diese Kunstform, sofort.

Beim Beatboxen hast nur den Rhythmus, keine inhaltliche Ebene, und das passte mir, beim Rap wirds sofort persönlich, du exponierst dich und breitest dein Innenleben aus, und das war mir zu der Zeit zu heikel, und irgendwann landete ich in der Reithalle, da gab es offene Bühnen, im Sous Le Pont oder im Graffiti, wo man schon mit sechzehn reinkonnte, und klar, wir waren natürlich früher da mit gefälschten Ausweisen, wie alle, und mir gefiel es, wo es Freestyle gab oder Hip-Hop-Jam und wo etwas lief, und ich begann die Bühne zu entdecken und merkte, wie cool das ist und wie viel Bestätigung und Befriedigung ich daraus zog, wenn ich etwas schaffe und es mache, trotz der wahnsinnigen Aufregung, und dann runterkomme und weiss, ich habe es gepackt, und es hat sogar ein bisschen etwas ausgelöst, uhönne cool.

Am Rap faszinierte mich, dass er nur über die Sprache funktioniert, mehr Text und Rhythmus ist als Melodie, das war eine neue Schule für mich, wobei guter Rap sehr formbewusst ist und ansprechend sein muss, sonst hört niemand hin, es muss Flow haben, das kann man schlecht erklären, es muss eine Stimme sein, bei der man aufhorcht, es muss eine Kraft drin sein, und es gab für mich eine Lichtfigur, das war der Greis, der Grösste, der fuhr mir uhuere ein, sein Umgang mit Sprache, sein politisches Engagement und auch seine Energie, auch vom Wesen her, was er ausstrahlt, das holte mich extrem ab, es war die Zeit, als sein erstes Album kam, das schlug alles, war so extrem gut, er blieb über Jahre mein Vorbild, so à la wie er möchte ich auch werden und auf Augenhöhe mit ihm und ernstgenommen von ihm, eine Art musikalische erste Liebe war das, darf ich ganz schnell aufs WC und etwas zum Anziehen holen.

(raucht) So, jetzt muss ich hier aber unbedingt noch etwas ergänzen, wir waren nämlich nicht so unpolitisch, wie es vielleicht geklungen hat, wir waren politisch sogar richtig hässig, total unzufrieden mit den Zuständen, wir wollten protestieren, nicht schön aussehen oder schön tönen, das passte nicht zu dem, was wir sagen wollten, wir wollten provozieren, vielleicht sogar schockieren, aufrütteln, wir wollten alles aussprechen, was sonst nicht gesagt wird, wie in der schwarzen Musik oder im Rap, der ist nicht in dem Sinn schön, aber stark und fährt ein, über den Körper, der Körper ist extrem wichtig bei der Musik, das vergisst man immer, der ganze Körper nimmt die Musik mit, tönt mit, kommt in Bewegung, nicht nur die Ohren, heute laufen alle mit Kopfhörern rum, total unbewegt, das ist so schräg.

Mich hat immer nur wenig Musik angesprochen, Rock liess mich kalt, aber da kam wieder mein Bruder ins Spiel, und inzwischen gehe ich zu ihm wieder in die Nachhilfe, im Rockbereich, allzu Gefühliges fand ich zum Machen überhaupt nicht spannend, es gibt schon Tausende solcher Sängerinnen, aber zeig mir eine, bei der es richtig abgeht, oder eine, die rappt und nicht in erster Linie schön ist, sondern stark und eine Wucht mit dem, was sie kann und sagt, es sind sehr wenige, die Frauen im Popbusiness werden fast immer auf ihr Äusseres reduziert, reduzieren sich selber, dem wollte ich ausweichen, das nervte mich gewaltig, das will ich nicht vertreten, dieses stereotyp Hohle, Weibliche, aber da bist uhuere schnell drin, weil es so einfach ist, über das Äussere zu punkten, beim Rap und Hip-Hop ist es eher das Gegenteil, man könnte sogar von Selbstbeschränkung reden, weil es nie melodiös sein darf, nie schön, man könnte sogar von Korsett reden, und mittlerweile merke ich, dass ich mich weiterentwickeln will, und du lachst, ich will singen.

Aber die, die so geschult singen, die grooven leider selten, das ist richtig traurig, weil sie perfekt singen, aber keinen Flow haben, ich trat schon mehrmals mit einem Klassikorchester auf, und sie sind krass drauf, technisch perfekt und wissen alles über die Theorie und können Tonleitern rauf und runter, uhuere schnell, uhuere virtuos, aber hey, diese Siechen grooven einfach anders, sie grooven nicht wirklich, es bewegt sich nicht in mir, es geht von den Ohren nur in den Kopf, nicht in den Körper, sie schauen auf den Dirigenten, und der sagt, wies läuft.

Da sind wir viel stärker, ha, weil wir (klopft langsam) das Metronom haben, in uns drin, den grossen, den langsamen, den alten Herzschlag in allem, auf diesem Takt spielen wir, spielen darunter, darüber, daneben, fast nie darauf, weil in der Verschmelzung die Spannung verschwindet, oder zu gross wird, aber wir spüren ihn immer, diesen Beat, im Herzen, den Grundbass der Erde und vielleicht auch des Kosmos, aber das wird jetzt esoterisch, jedenfalls hört man diesen Takt, und das Wiederholende, das Repetitive, auch das ist sehr alt, das gibt es in jeder Kultur, diese Form des Erzählens über Rhythmen, Balladen, strenge Formen, über Prozessionen, Umzüge, die Trommler, die Treichler, Trance, das ist schon krass und ziemlich mächtig, was da entsteht.

Ein Instrument lernte ich nie, nicht mal Blockflöte, ich kann keine Noten, rein gar nichts, hatte aber einen Lehrer, der merkte, dass ich ein gutes Gehör hab, ich schrieb dann die Maturarbeit übers Beatboxen, hätte eigentlich Rhythmen klatschen sollen, aber woaah, totaler Blackout, vom Strübsten, ich konnte nichts mehr, nur noch ö ö ö, aber der Lehrer hatte Erbarmen und gab mir trotzdem ein Vieri, und es dauerte dann sehr lang, bis ich so viel Selbstwertgefühl entwickelte, um es zu wagen, mich als Musikerin zu begreifen, geschweige denn zu bezeichnen, inzwischen habe ich die Sicherheit gefunden, es ist halt so ein Begriff, ein Titel, also weisch, ganz allmählich getraue ich mich.

Dass ich mich getraute, kam durch Andi Vollenweider, durch die Zusammenarbeit mit ihm, die Tour mit ihm half mir extrem, er ist ein genialer, ein absoluter Obermusiker, lernte auch nie Noten spielen, brachte sich alles selber bei, und Andreas sagte immer, wie musikalisch ich sei, ich konnte mich formen und finden mit ihm, wir arbeiteten mit Diagrammen statt mit Noten, mit Symbolen und Zeichnungen, ich merke, wenn eine Form ändert, wenn eine neue kommt, ich höre es, fühle es, bei Andreas fing ich auch an, Ride zu spielen, das ist so ein Blech, aber am Anfang sagte ich immer – Nein, das will ich nicht – und zuallerletzt wollte ich singen – Sicher nicht, das! nie! –, aber Andreas blieb dabei, weil er mich anscheinend hörte auf der Tour, in der Garderobe, wie ich mich einsang, und er sagte nur immer wieder – Sing. Getrau dich.

Kunst oder Können ist mindestens zur Hälfte Getrauen, das müssen wir Frauen uns immer wieder sagen, eine Frage von Mut und Ausprobieren, auch von auf die Schnauze fallen getrauen, und Andi half mir, durch die Zusammenarbeit mit ihm bekam ich Selbstvertrauen, durch seine guten Vibes, wir Rapper sehen uns nicht als Musiker, das ist neu, dass Rapper mit einer Band unterwegs sind, früher waren es einfach DJs und Rapper, und wehe, wenn du zu singen beginnst, wenn du zu musikalisch wirst, dann verlierst die Streetcredibility, dann machst dich verdächtig, bist nicht mehr true und real, aber das ist doch Quatsch, ich bin ein offener Mensch, und ich will mich entwickeln, und diese Selbstbeschränkung passt nicht zu mir, ich mag Neues, aber das ändert jetzt allgemein, cool.

Für mich fiel der Andreas wie vom Himmel fast, es war ein hönne Zufall, weil irgendwelche Leute Videos von meinen Beatbox-Auftritten auf Youtube stellten, ich hatte keine Homepage, war nicht bei Facebook, war nirgends im Netz, sondern studierte in Luzern an der Hochschule für Soziale Arbeit, da ging in der Mittagspause das Telefon, ich schlückte zuerst runter und nahm dann ab, und einer sagte so sanft – Jaaah. Haaloooh. Ich hoffe, ich überrumple dich nicht. Ich bin Andreas Vollenweider. Du kennst mich wahrscheinlich nicht. Aber ich habe von dir gehört. Es interessiert mich, was du machst. – und ich so – Ah. Ich weiss nicht – halt, Vollenweider? Wart, bist du der Harfenspieler? – mir war so schwach, dass ich bei meiner Mam mal eine Harfen-CD gesehen hatte – Ja, genau. – und er erzählte von seinem neuen Album, da gehe es um Wind und Atem, und er sei am Vorbereiten der Tour und möchte live möglichst viel Töne und Klänge und Instrumente mit Luft dabeihaben, und dachte, Beatbox wär genau das Richtige, und da sei er auf mich gekommen, ob ich nicht mal vorbeischauen wolle für ein Gespräch und eine Jamsession, da könnten wir herausfinden, ob es funkt und fägt, und ich – Tönt cool. – aber jetzt sei Mittagspause, und ich müsse grad wieder rein und ob ich nochmal drüber schlafen könne.

Und ging heim und googelte, und es wurde mir fast ein bisschen schlecht, als ich merkte, was der schon alles und wer er ist und mit wem er schon, Prince zum Beispiel, und das stand so in

Kontrast zu dem, wie er rüberkam, so bescheiden und ruhig, und mir wurde mulmig vor riesen Respekt, und hat der mich wirklich in der Mittagspause angerufen und gefragt, ob ich mit ihm auf Welttournee will?

Und dann ging ich vorbei, und es stimmte einfach von Anfang an, schon als er die Tür aufmachte, war alles gut, der Mensch und das Haus und seine Frau und seine Musik, und so kam das mit uns, und er drückte mir ein Mik in die Hand und hockte an seine Harfe, und wir legten los, und das stimmte auch, so à la – logisch. Ja. So machten wir das schon immer.

Ich unterbrach dann mein Studium und ging mit auf Tournee, wir waren zuerst in Deutschland und Österreich und in Polen, so mit einem Böss, wie die richtigen Rockstars früher, einem Reisebus mit Couchettes und WC und Dusche und Küche, und später flogen wir nach Johannesburg und Schanghai, wirklich krass, so von null auf hundert, ich war sehr jung, das Küken, es war anstrengend, so drei Wochen on the Road und meistens über Nacht die weiten Strecken im Bus, ich konnte nie schlafen, kam körperlich an die Grenze, fast jeden Abend Show, immer an einem anderen Ort, in der Unpersönlichkeit von Hotels, das Essen manchmal scheisse und meistens viel Fleisch, und ich glaube, es war in Polen, als ich ans Limit kam, es gurkte mich total an, ich ass nicht mehr, das Essen ist zentral auf einer Tour, es ist die Hälfte der Miete, aber dieser Frass war wäääh und ich sochli auch wääääh, i mah nümm, kann nicht mehr, aber dann nahm ich mich zusammen, ich musste, ging auf die Bühne, und hey, es wurde eine meiner besten Shows, du kannst krank sein, du kannst sogar tot sein, du gehst auf die Bühne und alles ist weg.

So entstand eins aus dem andern, das war recht magisch, weil immer diese Zufälle, und es ging weiter, nach der Tour war mir klar, ich will voll auf Musik setzen, da war ich zweiundzwanzig, und irgendwie machte ich ein Album, und es lief uhuere guet und kam sofort in die Charts, und ein zweites kam, und so ging das weiter, eins aus dem andern, und viele gute Leute rundherum, es ist auch jedes Mal aufregend, schaffst du es, kommt das Geld zusammen, aber es ging irgendwie, darfst nicht grad aus den Söckli kippen, musst bescheiden bleiben, ich habe so viel gelernt von Andreas, über die Kraft, die die Musik schafft, und die feinen Töne, und über die Wirkung von Stille und ihre Macht, und dass man von der Musik auch leben kann, wenn man es wirklich durchzieht, und wie viel Energie man bekommt, und dass dann aufs Mal auch das Glück mitzieht.

Ich glaube schon, ich bin ein Sinnsucher, immer, darum mache ich Musik, und gleichzeitig fühle ich eine Art Urvertrauen in mich und in das Universum, ich kann es nicht erklären, vielleicht ist das Urvertrauen dieses Gefühl, dass das Sichtbare und das Fassbare nur ein kleiner Teil sind von allem, sozusagen die Spitze des Eisbergs, auf dem ich lebe, nur ist es kein Eisberg, sondern eher sind wir gut gebettet und eingewoben und eingewirkt in ein Ganzes und ein Gutes, und dass wir ein riesiges Spektrum um uns haben, das wir nicht sehen und nicht verstehen, und schliesslich habe ich auch das Gefühl, dass wir aus einem bestimmten Grund hier sind, alle, dass jedes Wesen einen Sinn hat, auf den es hinlebt, ich spüre das und nehme es wahr und auch, dass ich aufgehoben bin da drin, in diesem Sinn.

In unserer Familie gibt es eine kleine Geschichte, die fällt mir manchmal ein, ich finde sie schön, meine Mam erzählte, sie habe, als ich drei oder vier war, mal mit mir geschimpft wegen irgendwas und mich ein bisschen zusammengestaucht und ich hätte sie dann so hönne ernst angeschaut und mit den Augen fixiert und gesagt – Ich bin im Fall einmal deine Mutter gewesen. Aber ich habe dich nie so zusammengeschissen.

Meine Mutter lehrte mich den Mut, jedenfalls ist Angst nie etwas, was ich zu nähren versuche, das kann man üben, Mut kann man erproben, und es ist wieder das Gleiche, alle reden von der Angst statt vom Mut, das gibt einen ganz anderen Fokus, wenn du sagst, du hast keine Angst, dann rufst du die Angst quasi herbei, das ist wie im Zen, wo der Lehrer dem Schüler die Aufgabe gibt, nie an einen blauen Elefanten zu denken, und sofort denkt er an nichts anderes, der Trick ist einfach, du musst an einen roten Elefanten denken oder an ein gelbes Nilpferd, nur so kommst um den blauen Elefanten herum und auch um die Angst.

Ich konnte in meinem Leben schon viel Angst ablegen, vor allem diese Versagensangst, unter der ich lange litt, und auch das Gefühl, alles allein schaffen zu müssen und mich niemandem anzuvertrauen, sehr lange wusste ich nicht, was ich werden wollte, ich entzog mich jeder Berufswahl, aber irgendwann fing das an zu stressen, nicht zu wissen, was ich kann und was ich will, und dazu das Gefühl, ich muss alles allein schaffen, weil der Vater nicht da ist und die Mutter am Anschlag.

Aber das ist völlig blöd, ein Irrtum, wir sind nämlich selten allein, sondern verbunden, da ist immer jemand, der dir gern hilft, oder es sind sogar viele, die dich gern unterstützen, die dich cool finden, dir die Windeln wechseln oder ein Süppli kochen, du musst dich nur getrauen und dich ein bisschen zeigen, denn sie finden dich nur, wenn du dich zeigst, und es gab so Momente, wo ich krass merkte, hey, wenn ich falle und wenn ich versage und sieben Krisen schiebe und nichts mehr bin, dann sind da fünf, zehn Leute, die mich fangen, bei denen ich anlatschen kann und abliegen, und irgendwann fiel sogar bei mir – ffff der Groschen und so viel Gewicht von meinen Schultern.

Es ist eben lustig, ich habe inzwischen gemerkt, dass man wirklich belohnt wird, wenn man Mut hat und wenn man den

Arsch lüpft und einfach mal um die Ecke geht, ohne zu wissen, wohin das führt, sondern schaut, was es dort gibt, und dann um die nächste und dort wieder etwas Kleines findet, und dann geht man noch ein Stückchen, auf ein Ziel zu, das man nicht sieht, aber Schritt um Schrittchen weiss man, das ist richtig und das ist falsch, und plötzlich wird es cooler und immer leichter und immer klarer.

Was ich noch nicht gefunden hab, ist eine stabile Beziehung, weiss auch gar nicht, ob ich das suche, eine wichtige Frage, ganz klar, sogar riesen Thema, Familie oder nicht, sprich Kinder, das ist wahrscheinlich alterstechnisch so, habe bereits viele Ideen und auch einige Phasen durchlebt, von niemals Kinder!, das hat wahrscheinlich mit meiner Biografie zu tun, meine Mam zu sehen, wie sie immer muss, wie sie im Stress ist, aber dann relativiert sich das, à la ich könnte es mir vorstellen, bis hin zu den Erwartungen, es müssten die perfekten Voraussetzungen herrschen und bliblabla und sicher niemals allein und nur, wenn der Mann voll mitmacht und volles Commitment abgibt und nur in einer Partnerschaft, die schon seit Jahren stabil ist, aber, tja, mein Problem ist, dass ich bisher nicht so aufgehe in einer längeren Beziehung und ich drum langsam glaube und denke und annehme, dass das Kind kommt, wenn es kommen will, und dann kommt es, wie es will, und dann geht das auch, und ich würde es schaffen, und von der Biografie her rechne ich eigentlich damit, dass ich es schlussamend allein aufziehe, und das ist happig, aber wer weiss.

Es ist vielleicht die grösste Herausforderung, die man als Mensch haben kann, auch spirituell, ein Kind oder mehrere auf die Welt zu bringen und aufzuziehen, und davor habe ich extrem Respekt, einen Menschen werden zu lassen und ihn zu begleiten ins Leben hinein, so zwanzig Jahre lang, also ihm erste Priorität zu geben und anderes zurückzustellen und alles zu teilen, nur schon diese Dauer, sie ist für mich nicht überschaubar, aber ich nehme an und hoffe, man wächst da hinein.

Ich brauche sicher jemanden, der stark ist und aber auch seine weibliche Seite zulassen kann, wie ich meine männliche Energie auch leben will und das wichtig finde, ich brauche jemanden, der weiss, was er will, und das auch gegen mich oder trotz mir oder mit mir durchzieht und auch für sich schaut, aber ich erlebe leider, dass der Mann sich meistens viel zu sehr anpasst, und sobald das passiert, ist die Spannung flöten und das Interesse dahin.

Obwohl ich schon mit vielen coolen Männern zusammen war, dauerte es nie lang, das lag eher an mir, ich gehe dann irgendwann, eigentlich auch weg von Männern, mit denen ich hätte glücklich werden können, aber ich bin hönne anspruchsvoll und meine Unabhängigkeit ist mir extrem wichtig, zudem kann ich es nicht verputzen, wenn mich jemand ändern will, das finde ich uncool, das macht man in einer Freundschaft nie, wahrscheinlich bin ich sochli – das gehört ins Kapitel Vater – ich traue einem Partner nie ganz, Vertrauen ist schwierig, und bevor ich wie vom Vater verlassen und verletzt werde, gehe ich lieber selber, so à la Küchenpsychologie, oder ich kontrolliere mich und lasse mich nicht allzu sehr auf etwas Emotionales ein, und es geschah eben auch, dass ich todsicher war, das ist jetzt wahr und richtig für immer, und verliebte mich trotzdem wieder weiter, neues Hirngespinst, und frage mich dann sehr, was das zu bedeuten hat, verstehe mich nicht. (raucht)

Wenn ich ehrlich bin, diese Mutterenergie, ich spüre sie in letzter Zeit enorm und habe mittlerweile sogar das Gefühl, ich könnte eine gute Mutter sein, und es ist krass, wie es grad überall Kinder regnet, aber es muss nicht auf Biegen und Brechen sein, es kommt, wie es will, hab eher das Gefühl, ich könnt es schon irgendwie schaukeln, bin aber nicht so das Mammimeitschi, auch meine Songs können die Kinderlein sein.

Ich weiss nicht, was es eigentlich ist, was da manchmal über uns kommt, wenn wir leben (lacht) und wenn wir lieben, aber es ist gross, und vor allem ein grosses Rätsel, ich lerne jeden Tag etwas Neues darüber, bin sehr gespannt, bin wirklich sehr gespannt.

Magdalena, 27

Ein Schotterweg dreht die Hügel hinauf, hinter denen eine Majestät sitzt, das Säntisgestein. Hier scheinen die Dinge sie selbst zu sein und einzeln, ein Haus ist ein Haus, ein Baum ein Baum, Schnee ist weiss und die Stille vollkommen. Nur die Kapelle, an der man vorbeigeht, ist auch ein Unterstand. Bänklein, Decken und zwei brennende Kerzen heissen willkommen. Menschen sind nirgends zu sehen. Eine Kurve weiter ein helles Holzhaus, davor gluckst ein Brunnen. Am Sonnenhang nebenan äst ein Reh, und um die Idylle weiterzutreiben, steigen noch zwei herbei.

Es ist meistens dunkel, wenn ich nach Hause komme, zumindest im Winter, stockfinster. Ob dem Dorf hat es kein Licht mehr, keine Strassenlampen und fast keine Häuser. Meistens bin ich mit dem Velo unterwegs, auch im Winter. Ich geniesse es hochzustrampeln, mich zu bewegen und den Gedanken nachzuhängen, ich muss ja nicht über sieben Ampeln. Es ist sehr friedlich hier. – Das Schönste ist immer, wenn ich ankomme in der absoluten Dunkelheit. Nach der Kurve taucht das einzige Lichtlein auf, weit und breit ist nur dieser Kerzenschein. In der Kapelle brennen immer Wachslichter, Dreitages- und Neuntageskerzen. Das ist für mich – heimkommen. (im Ofen knackt Holz)

Abgelegen ist es schon, aber ich bin nicht weg vom Fenster. Es kommen immer wieder Leute vorbei, meistens zu Fuss. Schon wegen der Kapelle. Vreni, die Nachbarin von unterhalb, schaut zur Kapelle. Sie ist der schmerzensreichen Madonna geweiht, und Vreni macht sie schön und wohnlich, stellt Blumen hinein, egal ob es jemand sieht oder nicht.

Ich bin sehr gern hier. Aufgewachsen bin ich zwar in der Stadt, aber ich fuhr immer viel Velo, und in den Ferien gingen wir auf eine Alp. Ein Jahr lang machte ich die Schule in Poschiavo, das ist auch mitten in den Bergen. Es war mir sehr wohl da. Im Moment zieht es mich eher aufs Land.

Aber das mit dem Velo im Winter – man muss halt seine Erfahrungen machen. Der Wind geht oft stark und macht Verwehungen, dann muss ich mehr aufpassen. Manchmal ist es wie auf einer Skipiste, plötzlich ist die Strasse verschwunden. Ich habe ein Elektrovelo (lacht) ohne Winterpneu. Das geht recht gut. Durch den Antrieb musst du weniger wurgen und nicht so in die Pedale trampen. Wenn du nämlich zu viel Kraft gibst, beginnt es zu spulen, und dann rutscht es weg. Natürlich hat es mich schon büchset, es hat mich fadengrad und ungebremst hingeschlettzt. Beim Runterfahren, das war in erster Linie sehr peinlich. Genau in dem Moment kam nämlich ein Jeep herauf. Du spürst es kommen, du merkst, jetzt verlierst den Halt, du kannst nicht bremsen, du kannst gar nichts machen. (lacht) Rutschst da als Stadtpflanze vor dem Jeep ins braune Sulzfeld, weisst genau, es ist zu spät, es büchset mi!, und es büchset di, und du landest auf dem Bauch vor den Rädern eines grinsenden Bauern. Die Tasche elegant daneben, schön alles im Dreck verstreut. Es war auch noch die grosse Tasche, ich war ja auf dem Weg ins Theater, und sowieso ziemlich pressant. Das Knie war geschürft, sonst war es nicht schlimm, am stärksten brannte das Grinsen. Der Bauer wartete einen Moment, bis ich aufgestanden war und das Velo weggeräumt hatte, dann tippte er kurz an den Hut und fuhr weiter. Die Einheimischen sind nicht zimperlich.

Fremd ist man hier leicht und sehr lange, aber das finde ich normal. Es ist ein Fremdsein in aller Selbstverständlichkeit. Ich weiss jeden Tag, dass ich nicht hier aufgewachsen bin, dass ich die ungeschriebenen Gesetze nicht kenne und die winzigen Nuancen schon gar nicht, dass ich hier keine Wurzeln habe, dass ich anders bin und anders rede. Das Fremdsein beginnt bei der Sprache. Das störte mich bisher nie. – In der Fremde fremd sein tut nicht weh. – Nur daheim nicht daheim sein finde ich schwierig.

Das Stadtkind merke ich natürlich. Vor zwei Wochen musste ich happig Schnee schaufeln, damit ich überhaupt aus dem Haus kam. Jeden Tag musste ich das Weglein neu bis zur Strasse hinunter freilegen, und nach kurzer Zeit war alles wieder zu. Früher hatte ich die Einbildung, ich hätte ziemlich sportliche Arme, aber einen solchen Muskelkater hatte ich noch nie. Mitten in meiner Schauflerei stapfte der Nachbar von unterhalb heran. Ich kam mir ohnehin schon vor wie die Witzfigur, so mit meinem Schäufelchen in diesen Schneemassen, und unten fuhren die riesen Fräsen und Schneepflüge vorbei und spritzten alles wieder hoch auf mein Weglein. Die sahen mich einfach nicht. Und dann stand da plötzlich der Sepp mit den Händen in den Hosentaschen und sagte – Jaaaha. Da klebt dir aber eebe ziemlich viel Schnee an der Schaufel. – Ha, danke. Fein beobachtet. Es klebte sogar ganz blödsinnig, es flog einfach nicht weg, ich musste Schaufel um Schaufel alles mühsam abstreifen. Und der Sepp – Warum seifst denn die Schaufel nid e betzeli ein? – Das wusste ich doch nicht! Ich holte den Allzweckreiniger, und es ging sofort prima, und der Sepp stapfte wieder davon.

Die Menschen hier sind nicht sehr gesprächig, aber gesellig schon und hilfsbereit. Sie haben ein Auge aufeinander. Sie schauen sich auch haargenau auf die Finger, und es nimmt sie dann auch alles wunder. Du weisst nie, was über dich geredet wird, aber du kannst sicher sein, dass geredet wird. Die Leute sind informiert, sie wissen zum Beispiel plötzlich dieses und jenes. Jaaha, ob ich mich denn gut eingelebt habe? Ich sei ja von Zug, aus einer grossen Familie. (lacht) Ich fühle aber kein Misstrauen, ich fühle mich eigentlich willkommen.

Zum Beispiel lag an einem Morgen wieder so ungeheuer viel Schnee, und ich hatte nicht damit gerechnet und war viel zu spät aufgestanden. Also musste ich mühsam durch den Tiefschnee zur Arbeit stürmen. Als ich am Abend nach Hause kam, war feinsäuberlich ein Weglein geschaufelt. Vom anderen Sepp, dem Nachbarn von ganz oben. Anscheinend war er beim Stall sowieso am Schaufeln, und dann habe er gedacht, er habe ja Zeit. Der obere Sepp bringt mir auch das Holz für den Ofen, und dann trinkt er einen Kaffee. Er ist etwa siebzig und ledig und wohnt mit seinem ledigen Bruder ganz allein oben hinter dem Waldstück. Die beiden sind die Letzten, die das ganze Jahr über hierbleiben. Sie waren schon immer da. Hier heisst es Sonnenhalb – für mich ist es eindeutig die Sonnenseite.

Es hat mich nicht hierher verschlagen. Ich bin sehr gern hier angekommen. Es war ein lustiger Weg mit ein paar Zufällen. Ob ich hier bleibe, weiss ich nicht, (lacht) hach, wie so vieles, das ich nicht weiss. Mit einem Philosophiestudium landet man jedenfalls nicht zwingend in dieser Abgeschiedenheit. Und die Germanistik im Rucksack passt auch nicht unbedingt. Ich lebe aber einfach extrem gern an diesem Ort, ich schaue hier zum Beispiel überall wahnsinnig gern aus dem Fenster. Es ist wunderschön, zu jeder Tageszeit und bei jedem Wetter.

Hier oben bin ich viel mehr für mich als in der Stadt. Und trotzdem nicht ab der Welt. Sowieso nicht, wenn ich drunten im Bücherladen arbeite, dort ist ein richtiger Treffpunkt. Im Dorf fand man es anscheinend abenteuerlich, so à la – O mein Gott.

Eine vom Bücherladen geht mutterseelenallein dort hinauf wohnen. Und hat nicht mal ein Auto, nur ein Velo! – Manchmal werde ich gefragt – Hast du nicht Angst? – Weil es wirklich stockdunkel ist. Aber das gefällt mir ja gerade, dass es hier so dunkel ist. In der Nacht ist es Nacht und sonst nichts. Du hast den Anblick des Himmels. Diese tiefe Nacht gibt einem ein ganz anderes Gespür für den Tag. Und am Abend siehst du einen Abend, der ganz anders ist als der Tag oder die Nacht. Hier ist nie alles gleich.

Ich lebe in diesem schönen Haus fast fürstlich, ich hatte riesen Glück. Dass ich mir mit dem Löhnli aus dem Buchladen so etwas Schönes leisten kann, ist alles andere als selbstverständlich. Nach dem Abschluss an der Uni machte ich noch etwas Rechtes, (lacht) eine Buchhändlerausbildung. Verdienen tue ich wie jede Verkäuferin, vielleicht verdient man bei Coop oder Migros sogar etwas besser. Mich stört das nicht. Für unsere Branche verdiene ich sogar sehr gut. Ich mache es, weil ich Freude daran habe, und warum sollte jemand an der Kasse beim Coop weniger verdienen als ich? – Stören tut mich eher, dass viele Menschen oft alles wollen, aber nicht mehr bereit sind, etwas dafür zu geben. Dass sie Qualität selbstverständlich finden, eine gute Ausbildung, den sorgfältigen Umgang mit Menschen und Ressourcen, ein hochstehendes Produkt, aber meinen, das sei gratis. Oder billiger in Deutschland oder woher auch immer zu beziehen. Dass sie Dorfläden zwar herzig finden und gut fürs Ortsbild und den Service und die ausgebildeten Leute in Anspruch nehmen, aber wenns ans Zahlen geht, dann doch lieber übers Internet oder schnell ennet der Grenze. Die Schnäppchenjägerei finde ich verlogen oder gedankenlos. Mit dieser Art Geiz, der alles zersetzt, haben auch wir hier zu kämpfen.

Aber ich will nicht klagen, ich fühle mich eigentlich immer in den Ferien und mit meiner Arbeit an diesem wunderschönen Ort privilegiert. Ich bin den ganzen Tag um gute Leute, der Job ist abwechslungsreich und oft richtig geistvoll, und ich kann ja leben von dem, was ich verdiene. Nur wenn ich mir ein Elektrovelo kaufen will oder ein Zahn kaputtgeht, muss ich das diszipliniert zusammensparen. In Sachen Finanzen bin ich sonst eher so – Pflücke den Tag. (lacht) Irgendwie geht es auch ohne Budget. In anderen Dingen bin ich aber ziemlich strukturiert, muss ich auch sein, weil ich so viele Sachen gleichzeitig mache.

Manchmal wird es fast ein bisschen viel. Im Gymnasium gebe ich Theaterunterricht, dazu gehört auch Sprechtechnik und Körperwahrnehmung. Einmal im Jahr machen wir eine grosse Aufführung. Und ich singe im Chor und schreibe für ein Magazin. Und dann spiele ich noch Geige, ich mache regelmässig mit Freunden Musik.

Mit Menschen bin ich eher langsam. Ich habe sehr gern Kontakt, aber ich hasse zum Beispiel Apéros. Rumstehen mit Glas und Häppchen und lächeln und Konversation machen ist für mich extrem anstrengend. Oder zum ersten Mal in eine Lehrerkonferenz reinplatzen, so ausgesetzt sein vor den gestrengen Kollegen und sich zu erkennen geben. Das war das Schwierigste. – Ich müsste ja selber ein wenig wissen, wer ich bin und was ich genau will, um das locker zu bringen.

Manchmal denke ich, hoffentlich werde ich nicht ganz schnell kompliziert, wenn ich hier oben so allein und sehr angenehm wohne. Ohne dass jemand an meinen Gewohnheiten ritzt. Das war das Gute am WG-Leben, du kannst dich nicht verhärten in den Vorstellungen, musst offen bleiben, sonst wirst ganz schnell unglücklich. Aber nach sechs Jahren WG-Bewegung geniesse ich jetzt das Ruhige.

Im Chor bin ich vor allem, um den Kopf zu lüften. Ich komme eben manchmal nicht so aus den Gedanken heraus. Es ist aber wohltuend, aus dem Hirn zu gelangen, und Singen ist ein wunderbares Mittel dafür. Unser Chor ist eine lustige und bunte Truppe. Mit der Zeit merkte ich auch, es geht nicht um Perfektion. – Singen tut einfach der Seele wohl! – sagte ein Mitsänger zu mir. Er ist sonst einer, der nicht viel redet. Und er hat absolut recht.

Oh, jetzt ist mir das Feuer ausgegangen. Man müsste eben auch mal Holz nachlegen, das passt zu mir. Bin immer leicht zerstreut. Wart, ich zünd es gleich nochmal an. Magst einen Tee? Roibusch oder Chrütli aus Poschiavo?

In Poschiavo war ich, um Italienisch zu lernen. Ich besuchte die dritte Sek in der Dorfschule. Ein Superjahr wurde das, es hat mir extrem gutgetan. Mit sechzehn war ich in Kanada, um das Englisch nachzuholen, das ich in der Schule als Fach weggelassen hatte. Ich lernte viel lieber Latein und Griechisch, ich fand diese Sprachen spannender. Und in Mexiko kam dann noch Spanisch hinzu. Ich liebe Sprachen und mich faszinieren die Menschen, die die Sprachen sprechen. Oder sprachen. In Berlin lebte ich auch noch eine Weile und auch in Basel. Ich bin gern unterwegs.

Obwohl ich immer ein bisschen herumziehe – Heimweh deswegen habe ich nicht. Das Rumreisen macht mir kein Heimweh. Eher anders – es ist immer da, ich fühle es immer, es begleitet mich seit langem. Es entsteht nicht durch Reisen. Vielleicht ist es eher die Ursache für das Reisen. Ich bin manchmal nicht ganz sicher, ob nicht das Fernweh eine Art von Heimweh ist, ob das Heimweh mit dem Fernweh Verstecken spielt. Ob es nicht ein anderes Weh ist, ein tieferes, grundsätzlicheres, auch älteres, das ich nicht erklären kann. Aber ich bin ein Grübli. Ich gebe mir Mühe, nicht zu viel darüber nachzudenken.

Die Leute, die ich gernhabe, vermisse ich schon, wenn ich fort bin. Meine wilde Familie, die vier Brüder und meine Schwester. Oder gewisse Sachen, an die ich gewöhnt bin. Aber es ist selten so, dass ich an der Gegenwart leide. Ich lebe sehr gern. Und ich glaube halt, es ist gut, wenn man sich bewegt und sich immer wieder selber aus den Gewohnheiten herauslockt. Damit sie sich nicht zementieren können. Ich weiss aber, dass ich manchmal meine Gefühle zu sehr in den Kopf hole, weil ich dann besser mit ihnen umgehen kann. Das kommt vielleicht daher, dass ich – oft sehr starke Gefühle habe. Sie können mich überwältigen. Das ist nicht gut. Dann versuche ich, die Dinge möglichst mit Sachlichkeit anzugehen. (lacht)

Es ist wie mit dem Phänomen der Angst. Angst ist fast immer etwas Irrationales. Man denkt ein bisschen darüber nach, und schon merkt man – sie ist überhaupt nicht begründet. Und trotzdem kann dir das Denken die Angst nie ganz nehmen. Ich denke über die Dinge nach und bemühe mich, positiv damit umzugehen. So erreiche ich bestenfalls eine gewisse rationale Gelassenheit. Aber vor meinen emotionalen oder irrationalen Abgründen und Weiten bin ich alles andere als sicher. Zum Beispiel die riesige Angst vor Hunden, das ist hier in der Gegend extrem praktisch, sie machen ja nichts lieber, als unschuldige Frauen auf Velos anzurempeln. Ich habe keine Ahnung, woher diese Angst kommt, es gibt meines Wissens keinen Grund. Rational bemüht, lache ich mich immer aus. Ich habe ja auch sehr gern Tiere. Aber wenn ein Hund in der Nähe ist, tigge ich aus, der beisst mich! Ich spüre es förmlich, obwohl es bisher nie passierte. (lacht) So gut es geht, halte ich es mit Thomas Mann – Du sollst dem Tod keine Macht über dein Denken einräumen. – Ich entscheide mit meiner Ratio, was sich in mir ausbreiten darf, und ich entscheide mich ganz entschieden gegen die Angst. Sie beansprucht schnell viel zu viel vom Leben.

Weisst du, obwohl ich eigentlich die ganze Zeit unterwegs bin, finde ich das Thema Bleiben sehr wichtig. Wie kann man irgendwo bleiben? Der Mensch ist so ein komisches Mischwesen, immer oszillierend in allem Möglichen, in Verschiedenem, Körperlichem, Geistigem, Seelischem, Gemütlichem, Himmel, Erde, männlich, weiblich, kindlich, alt, jung, fröhlich, wehmütig, traurig, immer ändert alles und ist gleichzeitig da. Wir sind so vielstoffig gemacht. Und sind doch immer ein bisschen am Rotieren, weil wir finden, wir müssen uns für etwas entscheiden. Das heisst, anderes ausschliessen. Entscheiden heisst aber auch, anfangen können, das finde ich sehr positiv. – Vielleicht ist genau das, das Vielfältige – nicht tot? Ich denke manchmal, zur Ruhe kommen wir – im Tod. Oder zwischenzeitlich in anderen Menschen. Mit anderen.

Der Dialog war auch ein Thema meiner Masterarbeit in Philosophie – Ich werde am Du. Alles wirkliche Leben ist Begegnung. – Das ist ein Satz des jüdischen Philosophen Martin Buber. Und ich stelle mir vor, dass es sehr schön sein muss, wenn das passiert. In ein Du einzugehen, in ihm aufzugehen und sich selbst werden. Ganz einfach. (lacht)

Seit ich dreizehn bin, mache ich mir Gedanken darüber – was ich mit meinem Leben machen könnte. Es nicht genau zu wissen, fällt mir manchmal extrem schwer. So im Nebel zu stecken trotz schönstem Sonnenschein und einfach irgendwie weiterzulaufen. Ich habe manchmal den Eindruck, alle anderen können sich viel schneller und besser entscheiden als ich. Aber vielleicht muss das ja so sein. Vom Urvertrauen her sehe ich, dass es irgendwann kommt, wie es richtig ist. Ich vertraue darauf. Muss Geduld haben.

Woher das Urvertrauen kommt – kä Ahnig! Ich glaube, ich habe es gratis geschenkt bekommen von meinen Eltern. Es ist nicht eine abstrakte Grösse, sondern eine tiefe Erfahrung. Und ein unbeschreiblich kostbares Geschenk, das weiss ich auch. Aber auch Menschen mit ganz krassen Geschichten können diese Ursicherheit haben, sie liegt nicht im Lebensgeschichtenglück begründet.

Die Geige habe ich immer dabei, egal wo ich bin. Vielleicht – gibt sie mir auf ihre Weise Heimat. Jedenfalls war sie mir unterwegs immer – sagen wir nützlich, in einem ganz pragmatischen Sinn. Es ist absolut wunderbar, ein Instrument zu können, wenn man fremd ist. Meine Geige ist eine Erweiterung der Stimme, eine Erweiterung von Sprache sowieso. In Kanada, in Mexiko, auch in Poschiavo, sogar in Basel haben sich mit dem Instrument für mich schöne Sachen ergeben. Zur Geige kam ich schon früh, man erzählt mir, dass ich sie unbedingt und völlig selbstverständlich wollte. Vielleicht, weil meine Mutter Geige spielte. Ich weiss noch, dass es mich sehr ärgerte, als ich mit meiner neuen Geige an einem Familienfest ankam und der Grossvater sagte – Du spielst sicher Geige wegen deinem Mami. – Er sagte es ohne böse Absicht, aber ich war schwer beleidigt. Wer spielt denn Geige wegen dem Mami?!

Apropos Grossvater – es fasziniert mich, wie sich der alte Mann nochmal so veränderte. Wie aus dem alten Patriarchen, der alles so nüchtern und pragmatisch, um nicht zu sagen materiell sah, im hohen Alter ein teilnahmsvoller Mensch wurde. Wie er sich plötzlich um die vielen Enkel und Beziehungen kümmerte, als die Grossmutter starb und das Emotionale nicht mehr über sie laufen konnte. Er rief mich sogar einmal an und kam mich in Basel besuchen, obwohl er schon recht gebrechlich war. Da fielen mir fast die Augen aus dem Kopf. Und was ganz verrückt war – er führte das Gespräch nicht mehr allein. Manchmal hatte er sogar Tränen. Plötzlich tauchte vor meiner Tür dieser etwas verlegen lächelnde Grossvater auf und wollte wissen, wie es mir geht. Und hörte zu. Das war wunderschön. Den Spruch mit der Geige hab ich ihm längst verziehen.

Die Geige und ich, das ist in erster Linie – selbstverständlich. Ich fing schon im Kindergarten damit an. Es ist gar nicht das Instrument, das mir am besten gefällt, und sie war mir sehr oft eine Last. Aber ich würde sie niemals tauschen. Zum Teil hatte ich grosse Krisen, woaah, Geigenstunde – ich versteckte mich im

Estrich, um nicht gehen zu müssen! Und ich bekam auch nie wie die andern ein Schöggeli. Weil ich die Noten nie gut lesen konnte. Trotzdem war mir immer klar, ich spiele Geige. Ich will weder Bratsche noch sonst etwas, auch nicht Cello, das mir besser gefällt. Die Geige und ich und Schluss.

Mit dem Theater hingegen – ist es anders. Es gehört auch zu mir, schon immer. Es hat etwas Rauschhaftes. Etwas wahnsinnig Mühsames auch. Immer stösst du an Grenzen und musst darüber hinwegkommen. Und immer wieder bist du sicher, das ist alles völlig banal. Und kannst es doch nicht lassen. Und am Schluss ist es da und – überwältigend. Jedes Mal, Gänsehaut. Fantastisch ist auch, dass du diese Verwandlungsräume hast, jemand anderes sein kannst, verschiedene Identitäten ausprobieren. Privat gibt es Sachen, die du nie machen, nicht mal denken würdest. Und auf der Bühne kannst alles leben. Das ist betörend.

Meine erste Rolle war in einem Theaterlager, ich spielte den Mann zwei. Hatte nicht mal einen Namen und etwa zwei Sätze zu sagen, ich spielte die ganze Zeit Fussball. Da habe ich mich definitiv nicht infiziert. Aber seit ich denken kann, steckt mein Vater in Theaterprojekten mit Schülern. Ich ging häufig zu den Proben, und einmal ergab es sich, dass ich zu einer Rolle kam. Es war eine, die niemand wollte, weil sie nur drei Sätze Text hatte und ich sonst zwei Stunden lang auf einem Schrank sitzen musste. Als Irre. Für mich war es aber die Hauptrolle, ich musste sogar die Pause durchspielen, stieg nicht vom Schrank. Diese Rolle war eine Art Initialzündung. Ich bekam grossen Applaus mit meinem irren Schweigen.

Irr sein ist mir nicht fremd. Aber ich würde es nicht irr sein nennen – anders sein. Nicht weil es mich stört, wenn man die Dinge beim Namen nennt, ich vermeide Euphemismen. Aber zwei meiner Brüder reden auch sehr wenig und sind sehr zurückhaltend. Trotzdem empfinde ich sie nie als irr. Allenfalls irritierend im Sinn von verstörend. Manchmal komme ich mir irrer vor als sie. Im Sinn von verirrt. (lacht) Sie sind Zwillinge. Ehrlich gesagt hatte ich für diese Rolle das meiste von ihnen gestohlen, schaute ihnen Bewegungen ab, Reaktionen, Redewendungen. Und baute mir daraus innere Monologe, die ich dann spielte, ohne sie zu sprechen. Ich versank völlig in ihrem Wesen. Nach den Vorstellungen geisterte ich jeweils noch ein paar Stunden lang ganz benommen durch die Gegend.

Ich glaube, wir haben alle diese Räume in uns, auch die sogenannt irren. Und wenn man sie spielt, ändert sich die Bewusstheit für neue Räume. Sie sind schon da, aber man gewahrt sie nicht. Jeder hat fast alle Abgründe und Lebensvarianten in sich, als Möglichkeit, sie sind nur verschlossen. Und im Theater leuchtest du sie aus und lernst sie kennen.

Die Zwillinge sind die jüngsten von uns sechs. Sie kamen recht unerwartet. Ich kann mich gut erinnern, als sie zur Welt kamen. Eigentlich weiss ich nicht, ob meine Eltern grad gar so viele Kinder wollten. – Nid meh als zäh – das war so ein Spruch, den wir hörten. Meine Mutter hat nur einen Bruder und hätte gern mehr Geschwister gehabt. Und der Vater kommt aus einer riesen Familie. Wir Kinder fanden es super, wir wollten noch viel mehr Geschwister. Von dem her kamen mir die beiden jüngsten Brüder überhaupt nicht unerwartet vor. Eher – einfach selbstverständlich. Sie kamen, punkt. Wir Kinder hatten keine Fragen dazu. Die Zwillinge gehörten zu unserem Leben.

Heute sehe ich, dass es wahnsinnig streng war für meine Eltern, vor allem auch für die Mutter. Ich sehe aber auch, dass unsere behinderten Brüder eine riesige Bereicherung sind. Ich meine auch das nicht beschönigend. Die Zwillinge bringen immer und sofort die Ordnung durcheinander. Jede Gewöhnlichkeit oder Gewohnheit gerät ins Wanken. Ich glaube, das ist einfach gut. Wir waren ja ein Pädagogenhaus, und die beiden Brüder funktionieren pädagogisch schlicht null. Sie haben ihre eigenen Spielregeln, es gibt nicht Richtig und Falsch in einem hergebrachten Sinn, es gilt etwas nur für den Moment. Gesellschaftsregeln, Moral, alles ist ausser Kraft oder infrage gestellt und erfährt harte Prüfungen. Die beiden tun nie, was von ihnen erwartet wird. Dafür sind Sie ganz bei sich und gleichzeitig im geliebten Zwillingsbruder daheim. Sie haben einen ganz eigenen Blick aufs Leben und vermitteln ihn dir, ob du bereit bist oder nicht. Zum Beispiel sind sie grundsätzlich und auch grundlos immer fröhlich. Für sie ist das Leben anscheinend jederzeit ein Grund, fröhlich zu sein. Ihre Freude ist in jedem Moment da und gross. Das ist unwiderstehlich. Und ein grosses Geschenk.

Verblüffend ist ihre Genauigkeit in winzigen Sachen. Wenn es sie zum Beispiel jetzt gerade stresst, dass dieser Bus so voll ist, dann steigen sie einfach nicht in diesen Bus ein. Dann warten sie auf einen, der nicht so voll ist. Sie warten und schauen sich unterdessen die Welt an und sind überhaupt nicht unzufrieden. Etwas, das ich zum Beispiel immer wieder mühsam lernen muss. Faszinierend finde ich auch, wie sie mich mit absoluter Aufmerksamkeit wahrnehmen. Sie spüren dich haargenau. Wie manche Leute Töne hören, die niemand hört, so spüren die beiden Zwischenmenschliches im Nanobereich. Sie sind ein unfehlbarer Indikator. Und es geht ihnen immer ans Herz, was sie spüren von dir, sie leiden mit dir oder es freut sie über alles, wenn es dir gut geht. Vielleicht darf man ihnen deshalb nicht in die Augen schauen. Ein direkter Blick ist ihnen zu stark, sie ertragen ihn nicht. Vielleicht ist er zu nah. X-fragil nennt man diese genetische Veränderung.

Ich kann mich genau erinnern, wie aufgeregt wir schon Wochen vor ihrer Geburt waren. Wir warteten auf sie wie verrückt. Ich war acht. Als sie sich dann endlich auf den Weg machten, hütete uns Schwester Monica, die Kinderfrau, die schon meinen Daddy aufgezogen hatte. Sie ist Teil des Familienclans. Wir standen alle am Fenster im oberen Stock unseres Hauses, ich weiss nicht mehr, warum. Jedenfalls sah ich – einen roten Helikopter vorbeifliegen. Es macht mir immer noch Mühe, an dieses Bild zu denken. In diesem Helikopter war Damian, mein jüngster Bruder. Damian kam fast tot auf die Welt, er bekam – keine Luft bei der Geburt, war ganz blau. Man konnte ihn fast nicht wiederbeleben. Darum wurde er nach Zürich ins künstliche Koma geflogen. Sonst wusste man nichts. Simeon, dem älteren der beiden, ging es Gott sei Dank recht gut. Die nächste Erinnerung ist, dass wir alle ins Spital zotteln, um unser jüngstes Brüderli anzuschauen. Es war sehr komisch, wir kamen rein, und er lag in einem Glaskasten, so aufgeblasen irgendwie und mit tausend Schläuchen. Ich kann mich sehr gut erinnern – an eine Fremdheit. Es kam so eine Fremdheit zu uns. Er war unendlich weit weg und immer noch ganz dunkelviolett.

Nach drei Tagen sagten die Ärzte, Damian habe fünfzig Prozent Überlebenschance, wenn sie die Maschinen abstellten. Und sie schlugen vor, jetzt die Maschinen abzustellen. Meine Eltern waren einverstanden. Was muss das für ein Moment gewesen sein für sie! Fünfzig Prozent, dass er atmet – oder stirbt. – Hja. – Dann haben sie abgestellt. Und er hät gschnuufet. (lacht)

Erst ein paar Jahre später fand man heraus, dass die Zwillinge diese Veränderung im Erbgut haben. Das hatte dann halt Konsequenzen für uns alle.

Möchtest du ein wenig Suppe? Ich habe schon alles vorbereitet, ich muss sie nur noch warm machen. Und ein Stück Appenzeller habe ich auch gekauft, das muss doch sein.

Wir hatten zu Hause immer eine Gugelfuhr, und ich liebe es. Meine Eltern sind Meister im Improvisieren und in der praktischen Anwendung von Ideen. Sie fanden für alles eine Lösung und einen möglichen Weg. Sie fanden zum Beispiel, sie möchten unbedingt mal mit der ganzen Tschupplete ein paar Wochen nach Italien. Solange man uns noch aus der Schule nehmen konnte. Und fanden den Dreh, wie das ging, und entdeckten so eine kleine Gaggo-Insel, irgendwo in Süditalien. Dort konnte man nichts anderes machen als Chäferfäscht. Für uns war das paradiesisch, wir waren vorher noch nie am Meer. Wenn man sich das plastisch vorstellt, sie nahmen also sechs Göfli unter den Arm, davon zwei Babys, dazu tonnenweise Gepäck und bestiegen den Nachtzug nach Neapel. Diesen wunderbaren Nachtzug, den es da noch gab. Und nach der durchgeschüttelten Nacht ohne Schlaf verluden sie uns auf die Fähre. Als wir ankamen, erwartete uns die halbe Insel, die Leute fütterten uns mit Köstlichkeiten, alle wussten, dass wir ankommen, es war ein Dorffest. So sind die Italiener. Wir wohnten bei extrem netten Menschen und sind heute noch befreundet. Meine Mutter hat manchmal solche Einfälle, Eingebungen. Diese Inselferien gehören zu den schönsten Erinnerungen in meinem Leben.

Ich glaube, meine Eltern haben ihrer Liebe immer grosse Sorge getragen. Und sie lachten viel, während den ganzen Jahren, in denen vieles schwierig war. Ich weiss auch, dass ich ein geliebtes Kind bin, jedes von uns, ganz selbstverständlich. Nicht ein verwöhntes Kind, aber ein geliebtes. Inzwischen weiss ich, dass das nicht selbstverständlich ist. Ich denke, aus dieser Grundsicherheit kommt im Nebel der Boden.

Irgendwann geht man. Und als Kind hat man ein sehr gutes Gespür dafür, ob man gehengelassen wird. Vertrauen sie dir? Auch wenn die Mutter ein paarmal zu viel anruft und man eigentlich keine Lust hat zu erzählen, es ändert nichts daran, dass man weiss, sie trauen es mir zu. Ich sehe aber, dass es Eltern gibt, die pachten ihre Kinder für sich und manipulieren und kontrollieren sie. Es gibt Eltern, die füllen ihre Leere mit Kindern.

Einen guten Ort zum Heimkommen finden, wenn man sich allein aufmacht, das ist sehr wichtig. Und mühsam, bis man all die Fehler gemacht hat, die man halt so macht. Ich bin leider recht geräuschempfindlich. Und beim Frühstück in der WG steht der, den du zum Beispiel vom Nebenzimmer nur akustisch kennst, auch noch in den Unterhosen am Herd, und am Schluss musst ihm seine Tasse spülen. Ich fand diese Anfangszeit anspruchsvoll. Bist überall gefordert, alles ist neu und unsicher. Und solltest überall Ja oder Nein sagen, richtig entscheiden – dabei weisst selber nicht, wer du bist und was du finden willst. Aber mit Irina zum Beispiel, die ich während dem Studium kennenlernte, würde ich immer wieder gern in die gleiche Wohnung heimkommen. Wir wohnten in Berlin ein halbes Jahr zusammen und sind gute Freundinnen geblieben. Getroffen habe ich sie – im Advent, am frühen Morgen, in einer Kirche. Ich spielte dort Geige. Und war sehr überrascht, als sie auftauchte. Und sie war glaub auch überrascht, mich dort mit einer Geige zu sehen. Wir besuchten beide eine Vorlesung an der Uni, mittelalterliche Heiligenlegenden, aber wir hatten nie gross etwas miteinander zu tun. Dass sie in die Kirche kam, erstaunte mich, weil Irina weder getauft noch sonst religiös ist. Aber die Atmosphäre im Advent am frühen Morgen in einer Kirche – das hat etwas sehr Besonderes. Von da an mochten wir uns.

Ich wünschte mir oft eine gewisse Klarheit, Verortetheit, Konkretheit, einfach in der Gegenwart zu sein. Nicht so viel Gedankliches. Meine Schwester zum Beispiel ist in allem total konkret. Wir haben eine enge Beziehung, sind aber sehr verschieden. Sie wusste immer, dass sie früh Kinder haben will, und das hat sie nun, bereits drei. Im Vergleich zu ihr sind meine Wünsche wirr und abstrakt. Ich kenne sie ja nicht mal, könnte sie kaum formulieren. Das beunruhigt mich ein bisschen, weil ich merke – alle rundherum stehen jetzt so konkret im Leben. Und bei mir ist sehr viel Gedankliches da, aber ich zögere immer. Ich könnte ja auch etwas anderes tun. Ich stehe einfach in diesem Nebel, weiss, dass wohl irgendwo ein Ziel sein muss, aber ich sehe es nicht. Das Zielehaben ist aber in aller Mund, man hat einfach Ziele, alle stürmen auf etwas zu. In diesem Gstürm stehe ich manchmal ein wenig verloren herum. Ich glaube eben gar nicht, dass ich unbedingt ein Ziel haben muss. Das Lebenswichtige findet jetzt statt, genau jetzt und hier.

Es gibt eine interessante Stelle in der Johannesoffenbarung. Dort heisst es sinngemäss – Du hast es gut gemacht in deinem Leben und viele Werke vollbracht, und du hast dir Mühe gegeben und viel auf dich genommen und ausgeharrt. Aber ich werfe dir vor, du hast deine erste Liebe verlassen. – Darüber denke ich viel nach. Was ist denn mit dieser ersten Liebe gemeint? Die erste Liebe ist wohl das wirklich Allererste. Der Sinn vielleicht, warum man lebt.

Möchtest noch Suppe? (lacht) Oje, jetzt habe ich das Wichtigste vergessen, den Käse.

Die Musik – wenn wir wirklich davon reden wollen – sie war ein selbstverständlicher Begleiter, seit ich denken kann. Aber nach der Musikmatur beruflich auf ein Instrument zu setzen, wenn man nicht Lehrerin werden will, ist ja illusorisch. Vielleicht macht man einfach Musik, ohne Aufhebens. Ich misstraute auch immer dieser grossen Geste – Ha, ich mache Kunst. – Aber von einem Gedicht bin ich dann doch ohne weiteres einen ganzen Tag lang geflasht, wenn es mich zum richtigen Zeitpunkt trifft.

Manchmal ist es schön, sich Worte auszulehnen. In Gedichten finde ich sie, in Liedern und auch in alten Gebeten. Ich kann mich an sie anlehnen, darin ausruhen, muss gar nichts sonst, schon gar nicht inspiriert sein. Ich werde gehalten in diesen Worten. Die alten Gebete funktionieren auch wie eine Art Uhr, sie strukturieren den Tag, die Woche, das Jahr. Sie geben dir Ordnung in die Zeitsuppe. Schau, jetzt habe ich den Käse endlich gefunden.

Die Sprache bringt mich oft in eine Not, da ist Geigespielen viel einfacher, uncodierter. Musik zementiert weniger als Wörter. Man kondensiert nicht Sinn mit der Musik, eher verluftet man einen konkreten Sinn. Ein Klang, ein Ton nimmt immer auch die Umgebung mit, Atmosphärisches, Resonanz. Er ist nie nur der auf den Punkt gebrachte Gedanke wie ein Wort. Viel freier erscheint mir die Musik, noch freier als Lyrik. Irgendwo müssen die Worte ja befestigt werden. Die Musik ist ganz anders, sie ist körperlicher und gleichzeitig nicht.

Während meinem ganzen Philosophiestudium wusste ich immer – meine beiden Brüder werden nie einen einzigen Gedanken von all dem, was ich den lieben langen Tag studiere, mit mir teilen. Nicht ein Wort. Sie werden nie die leiseste Ahnung davon haben, was ich mache. Aber an meiner Musik haben sie extrem Anteil, dort war mit ihnen der schönste Austausch möglich. Und meistens habe ich auch mit anderen Menschen das Gefühl, dass die Musik nie einen konkreten gemeinsamen Hintergrund verlangt. Sie setzt viel inniger an.

Und trotzdem, ich mag einfach gute Sätze, sie sind für mich etwas Kostbares, Elementares. Es gibt solche, die machen mir Gänsehaut. Wenn ich nicht schlafen kann, und dann erscheint im Geist der Satz – In deine Hände lege ich meinen Geist –, das ist einfach genial. Ich lege mein müdes Spatzenhirni in eine grosse und warme Hand, damit es endlich schläft. Das nützt. Am liebsten würde ich hier das ganze Haus mit solchen Sätzen tapezieren.

Wandtattoos sind ja jetzt Mode, man kann sie sogar in der Ikea kaufen, diese schlichten Sätzli – Träume nicht dein Leben, lebe deinen Traum. – Ich bastle mir meine Tattoos lieber selber, hole sie zum Beispiel bei Kant. Da drüben, neben dem Schüttstein steht – *Was darf ich hoffen?* – Dann hinten im Korridor – *Was kann ich wissen?* – Und bei der Treppe zum Schlafzimmer – *Was ist der Mensch?* (lacht) Und auf dem WC – *Was soll ich tun?* – Da stehen die erhabenen alten Fragen in einem sehr konkreten Umfeld. Im Schlafzimmer steht ein Satz, den kann man nur lesen, wenn man auf dem Kissen liegt.

Der kürzeste Satz ist wohl ein Name.

Die Liebe – sie ist ein schönes und auch beunruhigendes Thema. Ich habe mir eigentlich nie vorgestellt, allein zu leben, so unbezogen und unverbindlich. Für eine Phase ist das okay, aber nicht für immer. Ich arbeite sehr gern, aber nur zu arbeiten, wäre mir zu wenig. Und man kann es eben nicht herstellen, die richtige Verbindung zu finden, sie kommt irgendwie von allein oder halt nicht. – Mein Umfeld wedelt ja schon mit Tipps, es gebe da auch Internetplattformen. (lacht) Es liegt nicht an den Möglichkeiten, es liegt an mir. Dass der Richtige bisher nicht auftauchte. Rundherum tun sie derzeit alle so sesshaft, fangen an Häuschen zu bauen, müssen am Wochenende noch zu den Schwiegereltern und haben gar keine Zeit. Das Spontane wird schwierig und die Leute – sagen wir, schwer gemütlich. Und ich bin es halt noch überhaupt nicht. Und dann schleichen des Nachts auch die grossen Fragen herein. (lacht) Ich werde sie neben Kant kleben – *Wo ist mein Platz? Und wie finde ich ihn?* –

Schau, dort sind wieder die Rehe. Weil hier viel die Sonne kommt, schaut das Gras hervor. Sie besuchen mich jeden Tag.

Man müsste ihn erkennen. Aber woran? – Erkennen ist ein grosses Wort. Und über die ganz grossen Wörter kann man nicht sprechen. Glaube ich.

Den Namen kennen.

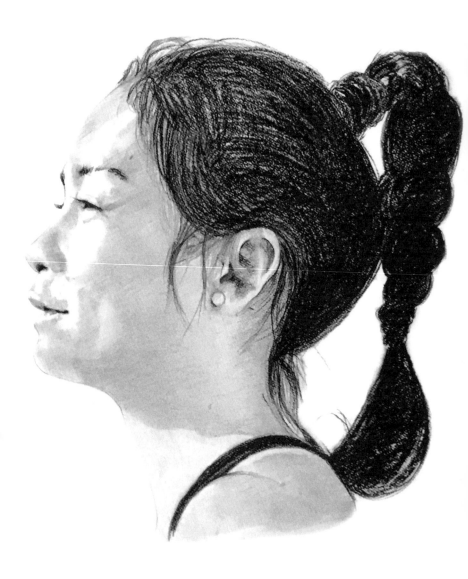

Aniya, 34

An einem Holzbahnhof vorbei, in ein behäbiges Wohnviertel hinein, eine Treppe hoch, wo auf der ersten Stufe ein Messer liegt, ein Laib und ein Zettel, »Frisches Brot vom Biobauer. Bitte bedient Euch«. Ein Schlüssel dreht zweimal, dann ist ein Lächeln da und dahinter eine zierliche Frau. Die Augen sieht man kaum, aber ihr Strahlen wärmt. Sie bittet ins Weiss der Räume, die Sonne scheint, auf der Schattenseite brennt eine Kerze.

Bist du vom alten Bahnhof gekommen? Den kennen die wenigsten. Bitte schau nicht auf die Unordnung. Vor vier Tagen ist bei mir eingebrochen worden, es liegt noch so viel herum. Diese Idioten haben alles herausgezerrt. Ich kam heim, die Tür stand offen, gruselig. Ausgerechnet bei mir, wo ich so Schiss habe vor allem und jedem. Die Polizei war auch hier. Die kennen mich und machten Sprüche, von wegen Boxerin und wird ausgenommen. Ich war ja gar nicht da.

Es ist nicht mehr das gleiche Heimkommen jetzt, kein sicheres Gefühl. So Scheisse halt. Zum Glück bin ich wenig verwurzelt in dem Daheim, ich spüre das nicht so als Eingriff in die Privatsphäre. Und der Kolleg schläft jetzt auf dem Sofa, er ist ein Freund von meinem Trainer und eine Nonne. Seit dreissig Jahren ohne Frau, aber ein herzensguter Mensch. Der kommt jeden Abend, legt sich aufs Sofa und geht am Morgen zeitig. Ich habe im Moment gern jemanden hier. Aber sonst lieber meine Ruhe.

Ich mache dir ein Teeli. Sonst habe ich wenig hier, aber ein Teeli gibts immer.

Pass auf, dass du nicht in den Napf trittst, er steht dort ein bisschen blöd. Der ist von Hadschi, meiner Hündin, also eigentlich sind es zwei mit dem von Tarik. Sie sind meistens unterwegs oder drüben beim Bahnhöfli. Natürlich ist es ein grosser Mist, dass ich einen Hund habe, weil – null Zeit. Dass ich ihn habe, war aber Schicksal. Und ein bisschen eine lange Geschichte. Sie fängt in Japan an, geht über Mexiko und Indien und kommt dann hierher. Jedenfalls habe ich diesen Hund jetzt und bin sehr froh.

Man ist weniger allein, wenn man viel allein ist.

Das erste Mal in meinem Leben bin ich nicht gern allein. Eigentlich bin ich sonst ein ziemlich abgeschotteter Mensch, freiwillig. Drum ist das gut mit diesen Hunden.

Der einzige Mensch, der immer hierherkommt, ist ein Obdachloser, und sein Hund, drum sind es eigentlich zwei. Ein härziger Mensch, Türke, und ein härziger Hund, eine sehr liebe und sehr ängstliche Kroatin. Sie können bestens miteinander reden, das ist ganz erstaunlich. Tarik kümmert sich um Hadschi, wenn ich nicht da bin. Ich weiss nicht viel von Tarik, eigentlich kenne ich ihn gar nicht, bin nicht mal sicher, wo er schläft im Moment. Ich glaube, im unbenutzten WC vom alten Bahnhof. Superpünktlich am Morgen früh erscheint er und holt Hadschi, meine mexikanische Japanerin. Mein Mammi machte sich zuerst Sorgen, ich könne doch Hadschi nicht einem Obdachlosen und seinem Strassenköti überlassen.

Mein Mammi macht sich viel Sorgen, immer. Um Hadschi, um die Wohnung, ums Wetter, um mich, um alles. Sie sorgt sich so, weil sie immer allein für mich sorgte, aufs Sozialamt hätten sie keine zehn Pferde gebracht. Eigentlich hätte sie von meinem Vater Alimente verlangen können, aber darum gebettelt hätte sie nie. Viel zu stolz. Es war ja ihre Entscheidung gewesen, abzuhauen mit mir aus Japan. Dafür hat sie jetzt wegen nichts ein schlechtes Gewissen und Angst um mich.

So, hier ist dein Tee, Ingwertee, ich hoffe, du magst das. Ich trinke nur Cola Light. Komm, wir setzen uns zur Kerze.

Man würde es nicht glauben, dass ich zwar Kämpferin, aber auch ein grosser Angsthas bin. Als Kind sah ich in der Nacht Schatten und Gestalten an der Decke, ich konnte ewig nicht allein schlafen. Das war nicht so einfach für mein Mammi. Wie so vieles.

Dass ich boxe, kommt von der Angst. Ganz klar, da braucht es keine grosse Ehrlichkeit von mir. Und diese Angst kommt von früher. Angst ist immer etwas Altes, glaube ich. Ich kämpfe gegen eine alte Angst in mir. Der Kampf gilt immer mir und der Angst. Ich kämpfe gegen mich und immer um mich.

Aniya heisse ich, weil mein Grossvater mir diesen Namen gab. Dieser Grossvater war Deutscher. Und er überlebte Stalingrad, weil er auch ein Charmeur war. Und wegen einem Mädchen mit Namen Anja. Ganz jung musste er in den Zweiten Weltkrieg, er war noch gar kein richtiger Mann, zusammen mit seinem Brüetsch. Der Brüetsch erfror in Stalingrad, lag totgefroren neben meinem Grossvater. Der Grossvater hatte mehrere Schusswunden. Ich durfte als Kind meine Hände in seine Narben legen.

In Russland war er auch im Gefängnis, in sibirischer Gefangenschaft. Es war irrsinnig kalt, niemand hatte warme Kleider und alle hungerten jeden Tag und jede Nacht. Also kamen die Talente zum Einsatz, meinem Grossvater kann niemand widerstehen. Er kann singen, und er kann tanzen, jederzeit. Im Gefängnis gab es einen Direktor. Und dieser Direktor hatte eine sehr hübsche Tochter mit Namen Anja. Ich bin niemals so hübsch wie die sibirische Anja. Sie sahen sich durch den Stacheldraht, sprechen konnten sie nicht miteinander, sagte der Grossvater. Aber die schöne Anja verliebte sich trotzdem in diesen geschundenen Deutschen. Ist das nicht wunderbar? Es gab einen Futtertrog für die Pferde, die mit den Gefangenen Steine schleppten. Und unter diesem Trog versteckte die schöne Anja für den geliebten Sänger Äpfel, Brot und eine Decke. So konnte mein Grossvater mein Grossvater werden.

Die schöne Retterin fand er später nicht mehr. Dafür bekam ich ihren Namen. Im Pass steht Aniya mit i und y, weil ich einen japanischen Pass habe, im Japanischen gibt es kein Zeichen für j.

Ich habe eine grosse Zuneigung zu allem Russischen. Es gibt so ein Schlaflied, das lehrte mich der Grossvater, es macht mich tieftraurig. Später sang und tanzte er weiter, er verlernte es nie und kam nach dem Krieg als Wandermaler in die Schweiz. Und hatte immer wahnsinnig Pünkt bei Frauen, er bezirzte auch meine Grossmutter und hatte mit ihr drei Kinder. Eines war mein Mammi. Als sie etwa zwölf war, verliess die Grossmutter meinen Grossvater. Sie musste gehen, sie hatte keine Wahl. Ich kann für das Buch nicht erzählen, warum.

Der Grossvater baute den Kindern ein Haus mit einem Luftschutzkeller und viel Vorrat, und er war sehr stolz darauf. Bevor ich in den Kindergarten kam, lebte ich eine Weile bei ihm, er passte auf mich auf. Im Keller hatte er Waffen, die lehnten an den Wänden neben seinen Zeichnungen. Der Grossvater war aber ein friedliebender Mensch, Malermeister, und er zeichnete auch viel. Sachen vom Krieg, die Fronten, die Schlachten, die Dörfer vor dem Krieg und auch Asiatisches. Im Keller neben den Waffen hingen seine Bilder. Vielleicht meine ich das nur. Aber ich habe dieses Bild.

Seine Liebe zeichnete er nie.

Bis vor kurzem habe ich in jedem Haus zuerst geschaut, ob es einen Luftschutzkeller hat, bevor ich einzog.

Ich wohnte also mit der Mutter eine Weile bei ihm, als wir aus Japan zurückgekommen waren, da war ich vier. Zur Welt kam ich in Japan. Und in Japan wohnten wir, weil mein Vater Japaner war. Und meinen japanischen Vater lernte meine Mutter kennen, weil sie im Kibbuz in Israel war. Und im Kibbuz war sie vielleicht, weil sie vor meinem Grossvater floh. Weil der Grossvater die beste Freundin meiner Mutter bezirzte und ein Kind bekam mit ihr. Und der Mann ihrer Freundin wurde und wieder Vater, statt Grossvater, der Grossvater. Jedenfalls ging mein Mammi in den Kibbuz.

Mein Vater war im Kibbuz, weil er sich für andere Länder und Sitten interessierte. Und weil er wahrscheinlich auch flüchtete. Sein Vater verbot ihm, das Mädchen zu heiraten, das er liebte. Die Väter in Japan waren erbarmungslos. Es gibt dort vor allem Arbeit und Unterwerfung. Mein Vater studierte Soziologie in Tokio, und er wollte weg von der japanischen Zwangsarbeit. Er wollte die Welt kennenlernen und landete im Kibbuz bei meiner Mutter. Sie fingen an sich zu lieben.

Mein Mammi ist eine sehr schöne Frau, aber sie fand sich nie besonders schön, wie viele Frauen. Sie verliebte sich unsterblich in diesen japanischen Mann. Mein Mammi kann sich verlieben, sie hat dieses Talent. Meinem Vater gefiel sie, und er reiste in die Schweiz und hielt beim Grossvater um ihre Hand an. Wirklich, er fuhr in die Schweiz, stellte sich vor meinen Opa und zog den Gürtel aus der Hose. Dann überreichte er ihm feierlich diesen Gurt – Wenn ich nicht gut bin zu deiner Tochter, dann darfst du mich mit diesem Gürtel züchtigen. – Der Grossvater nahm den Gurt und war einverstanden. Und vier Jahre später kam in Tokio ich auf die Welt.

Jetzt müssen wir noch ein bisschen weiter zurück.

Uh, entschuldige, ich muss aufstehen. Ich habe einen Krampf. Das kommt manchmal und vergeht dann wieder. Im Moment bin ich nicht so stabil, ich hoffe, es stört dich nicht, wenn ich ein bisschen herumtigere. Laufen tut mir auch gut, ich friere immer.

Schon ganz früh in Israel hatten die Eltern Reibereien, und mein Vater wurde sehr heftig, sagen wir es so. Und mein Mammi sagte nichts. Sie sagte eben ganz lange immer nichts. Viele Frauen sagen lange nichts. Trotzdem heiratete sie ihn und ging mit auf eine Weltreise, durch Iran, Afghanistan, bis nach Japan. Zweimal wollte mein Vater meine Mutter am Bahnhof abgeben, also loswerden. Er war ein richtiger Mürggu – das ist der Brotanschnitt, und der ist dort, wo das Brot am härtesten ist. Sie hätte besser gehen sollen. Stattdessen ging sie mit nach Tokio. Zum Glück.

Vier Jahre lebte sie mit meinem Vater in Japan, dann kam ich auf die Welt. Und noch einmal vier Jahre lebte ich mit ihr dort, bei meinen japanischen Grosseltern, in einem alten Holzhüsli mit einem schönen Garten. Und nähär – der Opa behandelte die Oma auch nicht gut. Das war normal, die Männer schlagen die Frauen. Ich erinnere mich. Aber die Männer in Japan sind extrem schaffig, sie haben nie Ferien und kommen selten heim. Sie sind eine Art Arbeiterameisen vom Chef. Und der Chef will nach der Arbeit in der Bar die Arbeit vergessen, aber weil er so viel arbeitet, kennt er niemanden, der mit ihm trinkt. Also müssen seine Ameisen nach der Arbeit mit ihm trinken. Die Männer in Japan gehören dem Chef, der Chef gehört der Firma, und die Firma gehört einem internationalen Konzern, also keinem Menschen mehr. Die Oma und die Mutter und ich waren meistens allein.

Ich weiss nicht mehr viel von dieser Zeit, aber ich weiss noch, dass es mir sehr wohl war bei meiner japanischen Oma. Ich liebte sie so sehr, dass ich jetzt noch jedes Mal weinen muss, wenn ich an sie denke. Musst entschuldigen, es macht mi eifach zgränne. Japan macht mi zgränne.

Und eben, es gab auch einen Hund bei der Grossmutter, Hadschi hiess er. Mein Mammi sagt, die Grossmutter sei besser zu ihrem Hund gewesen als die meisten Menschen zu den Menschen. Ich erinnere mich vor allem, dass ich daheim und glücklich war bei ihr und dem Hund. In ihrem geheimnisvollen Garten war ich geborgen und warm. Ich war das erste Enkelkind. In Japan ist das erste Enkelkind heilig.

Später, wenn ich einmal im Jahr meine Grossmutter besuchen ging, dann stand sie einen ganzen Tag lang in der Küche und kochte eine Suppe für mich. Nur für mich, den ganzen Tag. Sie trippelte am Morgen früh auf den Markt, dann verschwand sie in der Küche. Und am Abend reichte sie mir die Suppe in einem zarten Gefäss. Und lächelte und schaute mir zu, wie ich ass.

Und ich ass.

Es macht mi zgränne.

Meinem Mammi ging es gar nicht gut. Sie war einsam, und mein Vater – behandelte sie schlecht. Ich erinnere mich, ich war dabei. Es war dunkel im Zimmer, und ich war dabei. – Aber da gab es einen in der Schweiz, der schrieb ihr immer. Und er schrieb so viel und so schön, er schrieb ihr ständig schöne Sachen. Sie verliebte sich in seine Briefe. Jedenfalls sagte sie meinem Vater, sie wolle zurück in die Schweiz. Und mein Vater sagte – Du kannst gehen. Aber Aniya bleibt hier. – In einer Nacht-und-Nebel-Aktion ist sie geflohen mit mir. Ich weiss es noch.

Wir haben uns nicht verabschiedet.

Dann eine lange Fahrt mit dem Taxi durch die Dunkelheit,

es regnete, die Strasse stürzte weg, ich weiss es noch. Ein böser Mann, eine grosse Dunkelheit, ich erinnere mich. Dann das Flugzeug, und wir flogen davon.

Wir kamen in die Schweiz, zum Grossvater mit dem Luftschutzkeller. Und nach drei Tagen war es schon vorbei mit dem Schönschreiber. Mir war das ziemlich gleich, ich lebte fast nur noch unter Tischen, verzog mich in die Schränke, hatte meine eigene Welt, in der alles gut war. Verstecken ist nicht richtig, ich glaube, ich zog mich einfach zurück. Manchmal weinte ich tagelang, ohne zu wissen, warum. Ich war nicht traurig, aber wenn ich weine, tut etwas nicht mehr weh.

Ich denke manchmal – Weinen ist eine Art sanftes Kotzen.

Ich würde gern mehr weinen.

Immer noch hasse ich Abschiede. Ich hasse sie so sehr. Ist der Tee geniessbar?

Jetzt erzähle ich dir die Geschichte von Hachiko, dem Hund. Das ist ein Akitahund, eine uralte japanische Rasse. Hachiko ist in Japan ein Nationalheiliger. Der gleiche Hund wie meine Hündin hier, die ich in Mexiko gefunden habe. Der berühmte Hachiko wartete jeden Abend vor dem Provinzbahnhöfli in der Nähe der Hauptstadt, dass sein Freund und Meister aus dem Zug stieg und mit ihm nach Hause ging. Viele Jahre lang, jeden Abend, es ist eine wahre Geschichte. Aber an einem Abend stieg sein Freund eben nicht aus dem Zug. Er war bei der Arbeit gestorben. Und der treue Hund wartete weiter auf ihn, zehn lange Jahre blieb er vor diesem Bahnhöfli sitzen. Bis er selber starb. Sein Freund hatte sich nicht von ihm verabschiedet.

Es gibt auch einen Film über diese Geschichte, mit Richard Gere. Und dort sieht der Bahnhof ein bisschen aus wie der hier vor meinen Fenstern.

Meine Hadschi fand ich bei den Japanern in Mexiko. Ich war

schon an so vielen Orten, in Japan, bei den Tibetern, in Indien, in Mexiko. Nach einer grossen Krise landete ich kurze Zeit dort, und das tat mir unendlich gut. So sehr, dass mir nähär Scheissdreck in den Sinn kam. Ich surfte ein bisschen im Internet und fand in Texcoco eine Anzeige. Sie hatten grad Wäupelis, ein Knäuel Junge, und ich ging vorbei. Und fand dort meine Hadschi. Jetzt ist sie hier, und Tarik ist mit ihr am Bahnhof, und sie wartet auf mich.

Sollen wir noch ein wenig zurück? Mein Leben mäandert so über den Planeten.

Irgendwann kam ich in die Schule, hier. Ich war nicht gut. Ich weiss noch, dass ich im Handarbeitsunterricht immer die Hände waschen musste, bevor mir die Lehrerin die Strickarbeit gab. Nur ich musste die Hände waschen. Darüber regte sich meine Mutter auf. Und nur ich hatte komische Augen im Gesicht, im Bus drehten sich die Leute nach mir um. Es gab wenige Ausländer und niemanden mit solchen Augen.

Ich glaube nicht, dass ich Aussenseiterin war. Ich war einfach still, ich beobachte lieber von weitem, als im Mittelpunkt zu stehen. Und bin sehr offen für Eindrücke. Das liegt daran, dass ich sofort alles registriere und aufnehme. Wahrscheinlich mehr aufnehme, als ich verdauen kann. Ich kann diese Offenheit schlecht regulieren, sonst war eigentlich alles normal. Aber mein Mammi mit seinem schlechten Gewissen machte sich halt Sorgen.

Entschuldige, ich muss schnell etwas nehmen. Die Hände schlafen mir ein. Es zieht sie dann so zusammen, das tut weh. Das ist der Kaliummangel, nicht weiter schlimm.

Ich denke, jeder Mensch hat Sachen, die schwierig sind. Und jeder hat Sachen, die schwer sind, einfach jeder. Das Schöne ist aber auch da, es ist einfach stiller. Man findet leicht einen Grund dazuhocken und zu grännen. Es ging mir gar nicht immer gut.

Aber irgendwann war die Zeit gekommen, wo ich merkte, jetzt bin ich gross und kann stark sein. Es liegt an mir. Jetzt bin ich erwachsen, jetzt habe ich es selber in der Hand, was aus mir wird. Ich will kämpfen.

Das Beste, was mein Mammi je gemacht hat, war, mich ins Judo zu schicken. In der Schule liebte ich Akrobatik, ich war immer extrem beweglich, es war so viel Kraft ohne Richtung in mir. Schon ganz klein fing ich an mit Judo und Karate. Das machte mich zu dem, was ich heute bin. Und darauf bin ich sehr stolz. Karate und Judo, das ist eigentlich eher Philosophie als Sport, in Asien ist es eine Kunstform. Und du kannst es pflegen bis ins hohe Alter, es tut dir gut.

Karate ist etwas unglaublich Schönes. Es hat keinen Anfang und kein Ende, es ist für alle und immer. Man fängt an und geht weiter, in Kreisen, immer weiter. Wie die japanische Schrift, kennst du die, diese Rundumle, die sich auftun und schliessen und neu bilden. Es ist nicht so, dass es keinen Anfang und kein Ende gibt, es gibt sie. Aber beide können beides sein, der Anfang das Ende und umgekehrt, man weiss nicht, wo man steht. Es ist auch nicht wichtig, weil es sowieso weitergeht. Alles geht ineinander über und auseinander hervor und ist immer da. So empfinde ich das.

Dass ich mit dem Karate aufhörte, hatte einen ganz banalen Grund. Einer hatte etwas mit meiner besten Freundin. Ein alter Mann mit schwarzem Gurt stieg zu meiner Freundin mit dem weissen Gurt ins Bett. Sie war ihm ganz ergeben. Das war verkehrt, das war irgendwie so falsch, dass ich es nicht ertrug.

Das Karate half mir auch gegen das Weinen. Aber am meisten half mir – Erbrechen. Das findest du sicher schlimm, dass ich das so sage. Ich möchte ja lieber weinen als kotzen. Seit ich zwölf bin, habe ich Essbrechsucht, Bulimie. Dass ich boxe, kommt von der

Angst, an der Sucht zu sterben. Ich kotze oft so viel, dass ich nicht mehr aus den Augen sehe. Seit mehr als zwanzig Jahren. – Darf ich dir etwas beschreiben, das du vielleicht nicht verstehen kannst? Für mich ist diese Sucht – nichts Schlechtes. Sie ist – eine Art Erlösung. Wie ein Boxwettkampf. Sie ist vielleicht gefährlich, aber sie gehört zu mir. Sie rettete mir das Leben. Ohne dieses Ventil wäre ich – längst nicht mehr. Weil ich viel zu viel nicht verdauen kann.

Mit dem Gewicht oder Aussehen hat es wenig zu tun. Es geht um das Zuviel, um die Angst in mir, um Gefahren, Überflutung, extreme Anspannung, Überdruck, um Entspannung, Dümpelen, Gümpelen, Vollgas, Auskotzen, alles bis zum Letzten rausgeben. Und dann endlich leer sein und bei sich.

Siehst du, jetzt merke ich aber – ich sehne mich. Nach Zweisamkeit. Nach einem Menschen, zu dem ich heimkommen kann. Nach jemandem, der bleibt. Der nicht so – wegbricht und wieder verschwindet. Wie alles.

Aber damit einer bleibt, müsste ich aufhören mit Erbrechen. Keine Angst mehr haben.

Ich sehe immer dieses Bild – ich schwimme in einem Ozean und bin am Ertrinken. Und das Kotzen rettet mich, ich schaufle das Zuviel aus meinem Bötchen. Ich bin sicher, dass die Sucht mir geholfen hat, irgendwo an einen Strand zu gelangen. Mein Leben läuft jetzt gut.

Jetzt müsste ich nur noch wagen, aus dem Bötchen zu steigen und zu laufen. Auf dem festen Boden zu laufen. Ich meine, ohne dieses Rausschaufeln, ohne diese alte Rettungsgewohnheit. Um auf der Insel die Menschen zu finden.

Mein erster Freund gefiel mir, da war ich dreizehn. Ich bin gar nicht die ewige Jungfrau, ich war sehr lange und sehr früh mit diesem Mann. Später hatte ich vor allem Freiheitsgefühle, Unabhängigkeitsdrang. Obwohl ich mir sicher war – Ein Leben. Ein Mann. Aber ich liebe alle positiven Menschen. Ich liebe das Lächeln. Nach dem Kotzen geht das Lächeln einfach.

Manchmal wäre ich fast gestorben. Nach der Schulzeit war es schlimm. Sehr schlimm. Eine Weile arbeitete ich im Hotel Belle Epoque als Zimmerdienst und machte auch noch andere Jobs. Aber oft machte ich gar nichts. Sondern war den ganzen Tag daheim. Und – schaufelte alles hinein und würgte es wieder hinaus. Es ist ein Hunger, der einen verzehrt.

Mein Mammi litt mit mir. – Ach. – Für sie war das Schlimme viel schlimmer als für mich. Sie schickte mich zu Psychiatern, sie schickte mich zu Ärztinnen, zu Heilern, in Kliniken war ich, aus denen ich bald wieder heimkam. Ich war wirklich nah am Tod, und mein Mammi war immer an meiner Seite. Manchmal legte sie sich am Abend nach der Arbeit neben mich und gab mir warm. Ich brauche immer so viel Wärme. Sie legte den Arm um mich, wir lagen zusammen unter den Decken, und sie las mir vor. Du wirst lachen, Siddharta von Hermann Hesse. Dieses Buch gefiel mir ungeheuer. Dieses Buch schickte mir gute Träume.

Ich träumte von drei Chinesen mit langen Haaren. Sie zeigten mir etwas, ich weiss es nicht mehr genau, aber am Morgen wusste ich – Ich muss zu den weisen Menschen. Ich muss nicht wieder in eine Klinik, nicht zu Psychiaterinnen und Therapeuten, die alles wissen und nicht kennen. Ich muss zu den wirklich weisen Leuten.

Auch einen anderen Traum hatte ich, an den erinnere ich mich bis heute. Ich kam in einen weiss gekachelten Raum, wie in der Dusche in einem Hallenbad, und am Boden kauerte eine nackte Frau. Sie war sehr dünn und liess den Kopf hängen, die Arme hängen, auch die Haare hingen ihr übers Gesicht und waren bis weit über den Boden verstreut. So nackt und mager kauerte sie da, ein elendes Bild, eine Süchtige. Und ich wusste – das war ich. Ich musste etwas tun. Es wird ein Zeichen kommen.

Das Zeichen stand kurze Zeit später im Bolero. Das ist so ein Frauenheftli, das mein Mammi immer daheim hat. Ich war ja sehr modeinteressiert, habe auch eine Ausbildung zur Visagistin und Maskenbildnerin gemacht. Und in diesem Bolero war neben den Modeaufnahmen ein Bild von wunderschönen Bergen. Und ein Bericht über den Dalai Lama und seinen Leibarzt und die tibetische Medizin. – Aha. Das ist es. Da gehe ich hin. – (lacht) Ich rief die Redaktion an, und sie gaben mir die Nummer des tibetischen Reisebüros, das den Bericht gemacht hatte. Und dort sagten sie – Sie haben Glück. Es ist zufällig eine Ärztin hier aus Dharamsala, dem Exilort der Tibeter in Indien. – Ich könne sie anrufen.

Nach einer Woche war ich schon in Dharamsala. Die Ärztin hatte mich untersucht und mir gesagt, dass ich einen Puls hätte wie eine uralte Frau. Mein Mammi weinte, weil sie vielleicht wusste, dass es ein grosser Abschied war. Ich blieb neun Monate in Dharamsala. Ich war knapp achtzehn. Ich glaube, es war höchste Zeit.

Sie lehrten mich ein neues Leben in kleinen Portionen, Löffelchen für Löffelchen. Sie behandelten mich mit Respekt und Geduld wie ein Kind. Ich kam in eine tibetische Familie, und es war ein bisschen wie bei der Grossmutter in Japan. Alles war nah, fein, warm und hatte seine Ordnung. Eine grosse Sippe, sechs Kinder und Jugendliche in meinem Alter, die in wenigen Räumen zusammenwohnten. Einer der Söhne war Mönch im Palast des Dalai Lama, also dort, wo er wohnt, wenn er nicht auf Reisen ist. Und die Mutter ging ihm jeden Morgen Essen bringen und nahm mich mit. So lernte ich die Umrundungen kennen, man läuft im Kreis, immer und immer wieder, und singt dazu. Das ist wie bei Prozessionen. Oder man macht Niederwerfungen, vor der Statue von Buddha. Ich lernte sehr schnell Tibetisch, ich lerne alle Sprachen schnell. Und ich lernte kleine Gebetchen, winzige Sächelchen, ich bekam sie von der neuen Mutter mit einem Lächeln und in winzigen Schlückchen eingeflösst. Es ist so – der Geist in dieser Familie wurde wie eine neue Nahrung für mich. Sie war leicht – ich konnte sie behalten.

Ich mag die Menschen dort auch, weil sie nicht nur lächeln, sondern viel und gern lachen.

Die neue Mutter sagte mir, das Leichteste, das Wichtigste und das Schwierigste sei, dass ich nie getrennt werde von Buddha. Jeden Tag, jede Minute, dass ich ihn nie verlasse. Das verstand ich überhaupt nicht, ich dachte, das ist bubileicht. Man hört jetzt immer dieses Achtsam, aber mit diesem Wort kann ich nicht viel anfangen, es ist so abkätscht, verbraucht. Du tust die Dinge bewusster und auf Buddha hin, der immer in der Nähe ist und den du jeden Tag besuchst. Ich glaube, das war früher bei uns auch so. Man gab dem Guten, der Hoffnung, dem Spirituellen, oder wie man es nennen will, jeden Tag seinen Raum.

Es ist schön, einen Weg zu finden, der einen nicht trennt, sondern zu allem führt. Auch wenn du immer wieder scheiterst. Aber wenn man getrennt ist vom Ganzen, von diesem Grossen Ganzen, das in uns allen drin ist, dann ist man auch getrennt von sich selbst. Dann ist man getrennt von allem. Es ist schwer zu beschreiben. Man hetzt von einem zum Nächsten und findet immer nur die laute Leere, die jetzt überall ist. Keine gute Leere. Es gibt extrem viel laute Leere, die nicht gut ist. Und es gibt eine Leere, die gefüllt ist mit allem und verbunden. Ich glaube, sie macht frei.

Ich sah plötzlich, wie schön und vergänglich alles ist. Dass du heute hier bist und dein Leben leben darfst und morgen bist du nicht mehr. Aber das, was du getan hast, was du in die Welt hineingegeben hast oder nicht, das ist noch da. Wie kleine und grosse Wellen. Und ich kapiere, wie wichtig der Körper ist. Nicht, um damit eitel zu sein. Sondern er ist das Geschenk, das du bekommst, damit dein Geist sich weiterentwickeln und Wellen machen kann. Also sollst du deinem Körper Sorge tragen.

Du lachst, aber ich wollte dann Mönch werden. Das möchte ich eigentlich immer noch. Wahrscheinlich bin ich nicht bei den Tibetern geblieben – weil ich nur in ein Nonnenkloster hätte eintreten können und nicht in ein Mönchskloster. Ich hätte aber nur in einem Mönchskloster sein wollen. Alle Religionen sind extrem auf Männer ausgerichtet, immer noch, auch der Buddhismus. Die Frauen sind sehr allein mit ihrer Spiritualität. Für mich ist ein Mönch etwas Unabhängiges, Freies. Und eine Nonne ist – in meiner Vorstellung unterwürfig und dienend, mit ihrem Schleierchen, gehorchend. Oder schlicht nicht existierend. Sie hat nichts zu sagen. Alle Religionen haben die Frauen als Personen – eigentlich vernichtet. Als müssten auch sie Angst haben vor starken Frauen. (lacht) Ich warte jetzt auf eine grosse Religionsführerin. Überhaupt auf die Frauen an weltwichtigen Stellen. Stell dir vor, der Dalai Lama wäre eine Frau!

Beim Boxen ist es auch so, Frauenboxen ist ein Skandal. Ich bekomme grad Hühnerhaut, wenn ich daran denke. Es ist ein riesen Leid, auf der ganzen Welt. Wenn ich erzähle, denke ich nie an die Schweiz, ich bin immer in der ganzen Welt. Und in dieser Welt haben fast überall die Männer das Sagen. Ich weiss nicht, woran das liegt. Ich glaube nicht, dass die Frauen das wollen. Aber sie lassen es zu.

Ich will dir jetzt noch erzählen, wie ich wieder auf die eigenen Füsse kam. Ich konnte wie gesagt schon Judo und Karate. Und ich machte eine Lehre, in einem exklusiven Modegeschäft. Eigentlich ist es unmöglich, da eine Lehrstelle zu bekommen. Am Freitag kam ich von den Tibetern zurück, und am Samstag spazierte ich mit meiner Mutter durch die Stadt. Und kam an diesem Modehaus vorbei. Und setzte die Mutter in ein Café und folgte meinem Impuls. Ich fragte in diesem Geschäft, ob der Chef da sei. Ob ich ihn sprechen könne. Und er war da und liess mich kommen. Ich trat in sein Büro und sagte – Das ist ein schönes Haus. Ich bin soeben von den Tibetern zurückgekommen und möchte hier eine Lehre machen. – Der Mann war ein bisschen sprachlos, und dann sagte er Ja. Einfach so. Ohne Test. Den hätte ich wahrscheinlich nicht bestanden.

Genau gleich lief es dann auch mit Bruno. Boxen ist so anders als Karate. Boxen ist gradlinig, hat ein Ziel, richtet sich auf Gegner und auf Siege aus. Trainer Bruno kannte man in der ganzen Stadt, auch aus den Medien, Bruno ist eine Institution. Aber ich getraute mich nie, ihn anzusprechen. Eines Tages lief er so an mir vorbei, wie nur Bruno vorbeilaufen kann. Vollkommen unsichtbar und absolut da. Und ich sagte mir, jetzt sprichst ihn an. – Kann ich mal ins Training kommen? – Und er – Komm morgen vorbei. – Und ich ging vorbei, und er – Gut. Wann kommst morgen? – Jeden Tag sagte er das. Von da an ging ich zu Bruno ins Training.

Es sind immer die Personen, nicht die Dinge, die mich dazu bringen, Energie zu mobilisieren. Der Ansporn ist nie der Sieg, obwohl es schön ist zu gewinnen. Der Ansporn sind die Menschen. Ihre Freude. Ich wollte vor allem gewinnen, damit Bruno stolz sein kann.

Und ich gewann. Und wurde Weltmeisterin im Fliegengewicht.

Boxen hat immer mit Schmerzen zu tun. Im normalen Leben habe ich Angst vor Schmerzen, ich bin wehleidig. Aber während dem Match spürst du nichts. Entscheidender als der Schmerz ist die Angst. Du willst ja nicht verletzt werden. Drum tust du alles, damit dir nichts geschieht. Mobilisierst ungeheure Energie, damit dir nichts geschieht. Die uralte Angst um dein Leben öffnet dir ein unbekanntes Kräftereservoir. Ich weiss, jeder Boxer hat diese Angst. Sie ist der Schlüssel. Man kann sie umwandeln in Kraft. Wenn ich kämpfe, fühle ich mich vollkommen – und glücklich. Vielleicht habe ich den Kampfsport im Blut. Ich glaube, ich habe einen Samurai im Blut.

Ich freue mich aber nie auf einen Kampf, ich leide unsäglich. Es ist ein Kampf gegen mich, gegen etwas in mir, das ich auch bin. Um diesen Kampf zu gewinnen, ist das Einzige, das zwischen mir und dem Erfolg steht – ich. Eine schreckliche Prüfung. Ich kann jedes Mal nicht verstehen, warum ich mir das antue. Und tue es doch. Bis ich im Ring bin, bin ich unendlich angespannt. Dann dreht es nur noch, Runde um Runde. Bis es überstanden ist. Und ich weiter bin. Als Sieger oder Verliererin.

Das Schlimmste war nicht ein K. o. Ein K. o. ist, wenn man neben sich hergeht. Man geht, und das Hirn geht ein paar Schritte daneben, das ist komisch, aber es gibt sich wieder. Das absolut Schlimmste war, als ich gegen meine Schwester kämpfen musste. Sie heisst Judith und ist Mexikanerin. In einer Lebenskrise ging ich nach Mexiko, um dort das richtige Boxen zu lernen. Ich dachte, scheiss drauf, jetzt geh ich nach Mexiko in die Hölle. In Mexiko boxen die Frauen wie die Männer, da ist kein Unterschied. Es gibt eine alte Tradition von Frauenboxkämpfen. Ich wollte boxen wie die Mexikanerinnen, dieses Feeling aufsaugen. Und wohnte mit Judith zusammen, in einer Baracke in Chiconcuac. Wir assen zusammen Frühstück, zwanzig Köpfe, dann gingen wir zum Training ins Gym. Zwischendurch spielte ich mit den Kindern.

Judith sagte immer – Aniya, wenn du in die Schweiz zurückkehrst, dann lädst du mich ein, damit ich für einen Kampf in die Schweiz kommen kann. Als Weltmeisterin kann man eine Gegnerin einladen. Ich kam also zurück, und es war klar, ich muss meinen Titel verteidigen. Und ich muss Judith diese Chance geben. Ich wusste auch, dass sie stärker war als ich, schwerer, aggressiver – und meine Schwester. Wir hatten zusammen am gleichen Tisch gegessen, im gleichen Bett geschlafen, mit den gleichen Kindern gespielt. – Ich denke, ich habe manchmal ein zu weiches Herz. Ich sehe vor allem, was für andere gut ist. Und für Judith war es sehr gut, nach Europa eingeladen zu werden.

Es ist sehr speziell, gegen jemanden bis zum Letzten zu kämpfen, den man gernhat. Ich ertrug es nicht, dass sie sich verhielt wie eine Gegnerin, so aggressiv. Ich ertrug das einfach nicht. Ich konnte nicht umschalten auf – Feind. Eigentlich liess ich sie gewinnen. Die Presse war empört, es hiess, ich hätte meinen Kampfgeist verloren.

Heute weiss ich, es ist gut, nicht gegen eine Schwester zu kämpfen. Und ich weiss auch, dass nichts für nichts passiert. Judith ist angekommen auf dem Weltmarkt als Boxerin. Ich verhalf ihr zu dieser Chance, und sie packte sie. Ich selber bin froh, den Titel los zu sein. Man wird in ein Schema gepresst, ist nicht mehr frei. Aber ich habe mit dem Boxen noch nicht abgeschlossen, ich weiss, da wartet noch etwas.

Ich würde sehr gerne eine Kampfschule aufmachen, für Mädchen. Und für die UNO schaffen, das wäre ein grosser Traum. Ich möchte selber keine Kinder, aber die Kinder mögen mich. Ich würde gern meine Liebe – für viele offenhalten. In Dharamsala war ich mal in einem Kinderheim, sass einfach am Boden und schaute den Kindern zu. Und sie kamen alle daher, diese kleinen duftenden Wesen, und berührten mich und umarmten mich und begannen sogar an mir zu süggelen wie an einem Stück Zucker.

Manchmal sehe ich mich – wie meine Nachbarin, die im Parterre wohnt. Am Morgen steht sie sehr früh auf, macht sich einen

Kaffee, setzt sich ans Fenster, das in den Hof geht, und hört den Vögeln zu. Ich stelle mir vor, dass sie lächelt. Dann geht sie zur Arbeit und kommt am Abend wieder heim. Sie ist ein zufriedener Mensch. Und sie ist immer da, wenn man sie braucht. Sie ist treu. Das finde ich wunderschön.

Für mich ist die Treue etwas vom Wichtigsten im Leben. Ich glaube, ich bin auch ein treuer Mensch. Jeder Abschied ist ein unwiederbringlicher Verlust – an Wärme. Treu sein heisst – die gegenseitige Wärme nicht verlieren. Sich nicht verlieren.

Simone, 37

Alles scheint im Dorf über die Ufer zu schwappen und auf einer Nord-Süd-Achse zu treiben, die Strasse, die Bahn, der Fluss, auch die Hügel, die Wolken und der Wind. Wir kommen am Löwen, am Bären und am Ochsen vorbei, die beieinanderhocken und dem Vorbeiziehen zuschauen, wie immer schon. Simone radelt voraus durch den Regen, bergauf, sie hat ein Tempo wie ein Reh. Vor einem nagelneuen Haus schüttelt sie sich, und wir treten in die Küche, in der ein Mann und zwei Kinder sitzen und zeichnen. Die Räume sind offen, die Sicht ist frei auf die Hügel, die Strassen, das Strömen. An einer Wand hängen Bastelarbeiten, an einer anderen rundes Gold an bunten Bändern.

Dreiundzwanzig sind es. (lacht) Ich gewann halt oft. Ein paar Medaillen baudgseit, könnte man sagen. Dreiundzwanzig Mal wurde ich Weltmeisterin. Das gab es vorher noch nie, auch nicht bei den Männern. Ob ich ein Ausnahmetalent bin, weiss ich nicht, es müssen ein paar Faktoren zusammenstimmen. Nähär loufsch. Und es ging auf.

Es ist ein grosses Gefühl, einfach ganz, ganz grosse Befriedigung. Wenn du an den Punkt kommst, wo du vorher alles genau richtig gemacht hast und dann rennst und kommst als Erste ins Ziel, weil du im Lauf auch noch den richtigen Weg gefunden hast. Wunderschön ist das, wenn alles so ineinanderspielt und dann – bingo.

Es kostet schon viel. Es kostet extrem viel Zeit. Es kostet auch einiges von der Spontaneität, die man sonst im Leben hat, weil man über Jahre verplant ist. Es kostet Beziehungen zu Freunden, es kostet enorm viel Freiheit. Manchmal kostet es sogar die Gesundheit. Manchmal auch noch die Seelenruhe. Oder Familienwünsche. Man bezahlt das Gold mit Gold baudgseit. Der grosse Erfolg hat einen hohen Preis. Darüber spricht man gewöhnlich eher nicht.

Wie bist du denn auf mich gekommen? Bist du sportinteressiert?

Komm, wir setzen uns hinauf unters Dach, dort oben sind wir ungestört. In unserem Haus gibt es fast keine Türen, die man zumachen kann.

Ich nehme an, du willst etwas von meinem Rücktritt wissen, und wie das ist als Hochleistungssportlerin und dreifache Mutter. Dass ich das machen wollte, kam natürlich durch meine Eltern. Die machten selber sehr oft an Läufen mitgenau. Und ich habe zwei ältere Schwestern, die liefen auch leidenschaftlich. So ist es meistens im Orientierungslauf, wirst sochli mitgezogen, wächst von klein auf hinein, wirst mitgenommen in den Wald und bist dabei. Als ich noch nicht Karten lesen konnte, starteten wir alle zusammen einfach in der Kategorie Familie. Die Grossen lasen die Karte, und wir Pfüdis haben blüemelet und gehörten einfach dazu. Wenn ein Posten gefunden wurde, durften wir den abstempeln. Es war für mich zuallererst ein spannendes Familienerlebnis, wir alle zusammen im Wald am Postenfinden. Ist lustiger als Wandern, es läuft mehr, und man hat ein verstecktes Ziel, das man finden will.

Und bald wollte ich natürlich selber. Nicht einfach nur mitgehen, sondern allein laufen und die Pösten finden. Am Anfang gehen die Bahnen noch den Wegen nach, der Bahnleger legt sie so für die Anfängerlis. Die Posten stehen schön bei jeder Wegkreuzung, siehst sie schon von weitem blinkern. Dann drückst deinen Stempel drauf, und bist uh stolz und schaust auf der Karte, in welcher Richtung es weitergeht. Erst wenn du auf den Wegen allmählich allein zurechtkommst, geht es ins weglose Gelände. Ins Wilde baudgseit.

Beim ersten Mal waren natürlich am Start noch die Eltern dabeigenau. Ich weiss noch, ich war ganz extrem aufgeregt, ich war zehn. Im Sparenmoos war das, am Jaunpass hinten, droben im Berner Oberland. Es ist das Ungewisse, so allein auf sich gestellt, das einen nervös macht. Ob man so allein wirklich ans Ziel kommt. Aber meine grossen Schwestern konnten es ja auch, und ich wollte ihnen unbedingt nacheifern.

Auso, ich erkläre dir, wie Orientierungslauf geht. Als Läuferin bekomme ich am Start eine Karte, die ich vorher nicht kenne. Darauf sind Posten eingezeichnet mit Nummern. Die Strecke macht der Bahnleger, so heisst der. Du bekommst diese Karte erst im Augenblick des Starts, also eigentlich in dem Moment, wo deine Zeit und du anfangen zu laufen. Dann solltest eigentlich im selben Augenblick wissen, wo du stehst und wo du hinsollst, und auch grad schon eine Ahnung haben, wie du am besten dorthin kommst. Gleichzeitig bist du längst gestartet. Die Posten musst du der Reihe nach anlaufen und stempeln. Den Weg suchst du dir selber vorzu. Wenn ich gut laufe und den besten Weg finde, habe ich gewonnen. So einfach ist das. (lacht)

Rennen ist für mich immer etwas extrem Schönes, etwas richtig Wunderbares, absolut Natürliches. Beim Laufen und Ausschauen kommt man in einen eigenartigen Zustand, fast ein wenig wie Trance. Man ist ganz bei sich und völlig verbunden mit der Umgebung, sonst purzelst nämlich sofort. Sehr oft läufst du durch so schöne Naturlandschaften, dass du aufpassen musst, vor lauter Ehrfurcht nicht stehen zu bleiben. Ich weiss noch, an einem Wettkampf in Norwegen, da war die ganze Welt plötzlich bedeckt von einem silbernen Moos, es schimmerte alles in einem verrückten Licht. Fast ausserirdisch war das, wie eine Erscheinung. Ein Glücksmoment, ich habe dieses Bild nie mehr vergessen. – Baudgseit bedeuten mir diese Glücksmomente beinahe mehr als eine Medaille. Ein bisschen spirituell ist es für mich oft, das erwartest wahrscheinlich weniger von einer Spitzensportlerin. Ich fühle mich in solchen Momenten ganz durchdrungen von etwas, erfüllt – von einer Liebe zur Erde und zur Schöpfung. – Manchmal überkommt mich das Gefühl, die Natur ist eigentlich ein Tempel, ein riesiger, wundervoller und sehr mächtiger Tempel. Und wir Besucher sollten uns entsprechend respektvoll darin aufhalten.

Ich glaube, alle Orientierungsläuferinnen und -läufer sind stark naturverbunden. Das ergibt sich von allein beim Laufen. Es gibt auch eine strenge Kommission, die schaut, dass durch unsere Rennen in der Natur kein Schaden entsteht und dass nichts verändert wird. Natürlich ist nicht immer alles nur schön, die Natur ist gar nicht immer lieb. Erst recht nicht, wenn man sie nicht kennt. Es gibt Geröllhalden, Brennnesseln, Dornen, Sumpf, Dickicht, versteckte Abgründe, Hudelwetter, Nebel, Auswüeschte, dann fluchst. Aber man schimpft auf den Bahnleger, nicht auf die Natur. (lacht)

Es ist gar nicht einfach zu erklären, wie ich ohne vorgezeichneten Weg die richtige Strecke finde und dann der Reihe nach alle Posten. Sicher muss ich zuallererst die Karte lesen können und auf einen Blick verstehen, was sie mir sagt. Daraus entsteht ein vages Bild im Kopf, das ich dann in der Landschaft nach und nach wiederfinde. Die innere Vorstellungskraft ist absolut entscheidend. Du musst in Umrissen vorhersehen können, was du suchst, bevor du es richtig weisst und tatsächlich siehst. Nur dann erkennst es, wenn es da ist. Sonst läufst daran vorbei.

Vielleicht wird man dazu geboren, Orientierungsläuferin zu sein, das ist gut möglich. Ich meine, vielleicht war ich schon immer irgendwie eine Wegsucherin, das überlege ich gerade. Vielleicht eher noch eine Finderin. Finden können nicht alle gleich gut. Es ist eine Frage der Konzentration, aber auch eine des Glaubens. Man muss hundertprozentig aufmerksam sein und seiner Wahrnehmung vertrauen. Und dazu rennst, so schnell du kannst. Ich bin eigentlich nicht mal sicher, ob man das Ziel oder die Posten wirklich suchen oder ob man sie nur finden kann. Suchen – finden, ich weiss eben nicht genau, was was ist. Was wichtiger ist. Es ist viel weniger selbstverständlich, als wir meistens denken. Wahrscheinlich braucht es beides gleichzeitig. Sicher muss man zuerst etwas suchen, um etwas zu finden. Aber durch das Suchen findet man nicht unbedingt. Wir OL-Läufer sagen immer, die Posten finden, nicht die Posten suchen. Man braucht sicher einen Kompass, damit man weiss, wo man steht auf der Welt. Vielleicht bedeutet finden vor allem erkennen?

Manchmal spürt man etwas, das einen weist. Vielleicht ist es Intuition, jedenfalls ist es etwas Eigenartiges. Es sitzt nicht im Geist, weit mehr im Körper baudgseit. Vielleicht hat es mit Erfahrung zu tun, oder mit dem Glauben an die innere Stimme. Oft kann man nämlich gar nicht mit der gleichen Geschwindigkeit die Landschaft und die Zeichen lesen, wie man läuft. Aber irgendetwas liest sie mit und sagt, wo es durchgeht.

Es ist auch nicht immer die direkteste Strecke die beste, da muss man aufpassen. Plötzlich wechselt die Landschaft von Laubwald zu Tannengestrüpp oder von Wiese zu Sumpf. Das musst du früh genug einschätzen, sonst hast dich schon verrannt. Es ist aber gar nicht so kompliziert, wie es tönt. Der Kompass stimmt immer, und auch auf unsere Karten kannst du dich verlassen. Jedes Rinnsal, jeder Findling, jede kleine Erhebung und sogar die Bodenbeschaffenheit stimmen mit der wirklichen Landschaft überein. Da sind wir hier in der Schweiz sehr privilegiert.

Dieses Kartenwerk – es ist für mich etwas Wunderschönes. Karten kommen mir ein bisschen vor wie ein Geschenk an die Menschheit. Sie sind etwas sehr Menschenfreundliches, sind Orientierung, Aufzeichnung von Wegen. Ich sehe sie als eine enorme Leistung von unseren Vorgängern, von all den Vorläuferinnen, von den Vorfahrenden, von jenen, die uns in der Landschaft und in der Zeit vorausgegangen sind baudgsseitgenau. Jeder Meter unwegsames Gelände wurde von jemandem detailliert erfasst und vermessen und auf ein Stück Papier übertragen, das ich jetzt mitnehmen kann und lesen. Unsere Karten machen mich immer ein bisschen ehrfürchtig und auch stolz. Die erste in der Schweiz hat Henri Dufour erstellt, der war wahrscheinlich nicht nur zufällig Humanist und auch bei der Gründung des Roten Kreuzes dabei. Wenn ich es mir überlege – eine gute Karte ist für mich wie Post aus der Sicherheit eines Daheims. Sie sagt – Schau her, du kannst dich nicht verirren. Ich habe dir schon lange alles schön eingezeichnet, damit du weisst, wo du bist und wie du den Weg findest. – Auch auf Wanderungen habe ich nie ein Telefonapparätli dabei, sondern immer unsere schönen Papierkarten. – Wahrscheinlich ist es auch kein Zufall, dass sowohl mein Mann wie auch mein Vater beide Geografen sind.

Schön finde ich übrigens auch, dass beim Orientierungslauf alle zusammen miteinander starten, die Alten und die Jungen, die Besten und auch die Anfängerlis. Es gibt Zehnjährige und über Achtzigjährige, jeder soll mitlaufen können. Laufen und seine Strecke finden tut dann aber jeder für sich selber und nach der eigenen Karte. Die Alten und die Kleinen rennen natürlich nicht so strub durchs Zeug wie wir. Und man hilft ihnen. Ich kann mich noch erinnern, damals beim ersten Mal am Jaunpass, da hatte ich auch Angst vor dem Verlorengehen. Es kam mir alles so einsam und ungeheuer vor. Aber bei solchen Läufen ist man äbe gar nie ganz allein, man begegnet sich. (lacht) Und so fragte ich mich durch, wo denn zum Beispiel jene Hütte sei und wo jetzt wieder dieser Fels. Und stell dir vor – da war eine Frau, die beachtete mich nicht und lief einfach an mir vorbei. Sie sah nichts anderes mehr als ihre Zeit und ihr Ziel vor Augen. Diese Frau habe ich nie vergessen. Ich fühlte mich so verloren, doppelt verloren. Und lernte wahrscheinlich umso besser Karten lesen.

Wir Orientierungsläufer sind im Allgemeinen Leute mit grossem Zusammenhalt. Man sieht sich nicht in erster Linie als Konkurrenz, man sieht sich eher als Familie. Klar, an der Startlinie willst die Schnellste sein, aber wirklich nur aus Freude. Einfach, weil du gerne läufst und Ziele findest. Und nachher zusammen feiern, das ist ebenso wichtig, essen und trinken und lachen miteinander. Vielleicht hat ja das viele Laufen so allein im Gelände etwas Verbindendes. Und dass man zusammen am gleichen Ort startet und irgendwann ans gleiche Ziel kommt.

Wir Spitzenläufer gehen bei diesen Rennen ständig an Grenzen, darum ist man auch aufeinander angewiesen. Besonders, wenn es um den Meistertitel geht. Es kann richtig gefährlich werden, es gibt Löcher und Abgründe. Aber das grösste Problem sind die Misstritte, die machst du selber, du stolperst und fällst manchmal bös auf die Nase. Mir ist zum guten Glück noch nie etwas wirklich Schlimmes passiert, aber es war haarscharf. In Portugal hatte ich riesiges Glück, ich suchte die Strecke über einen steilen Felsrücken, und ich erinnere mich an den Gedanken – Uh, soll ich da wirklich durch? Mou. – Und schon verhedderte sich der Fuss in einer Dornenranke. Das bremst dich aus vollstem Tempo auf null, ich machte einen Purzelbaum und flog in einem Salto durch die Luft bis zur Felskante. Zum Glück landete ich nicht auf einem Stein, sondern im Gestrüpp und nur grad am Rand des Abgrunds.

Nach einem solchen Sturz – geht es einfach weiter. Wenn du kannst, stehst auf und rennst davon. Ich kontrollierte noch schnell, ob alles da ist, dann denkst nichts mehr, spüren tust sowieso nichts, du sprintest, schaust auf die Karte, schaust aufs Gelände und bleibst auf der Strecke. Führst dazu ein bisschen Selbstgespräche – Gut gut gut Sime Schwein gehabt so Schwein gehabt weiter weiter du schaffsches schaffst das genaugenau. – Erst nach dem Ziel fährt es ein. Und fängt auch an wehzutun. Und dann schaust nach und – Waaaah!? Was ist das?! – Die ganze linke Körperseite war aufgeschlagen, alles blau und blutig, dort unten in Portugal.

Misstritte wegen Wurzeln sind die grösste Verletzungsgefahr beim Orientierungslauf. Über Wurzeln, die man nicht beachtet, stolpert man gern. Manchmal kommt es mir auch vor, als würden die alten Bäume sich aube ein Spässchen erlauben und einem das Bein stellen. Und die Überbelastung, die Überanstrengung, vor allem der Achillessehne, die ist auch gefährlich. Diese Sehne ist zwar ungeheuer stark, sie überträgt ja die ganze Kraft der Wadenmuskeln auf den Fuss, die kann bis zu achthundert Kilo Belastung aushalten. Aber so wie sie stark ist, ist sie auch sensibel. Bei einer Fehlbelastung reisst sie nähär leicht. Das macht übrigens einen verrückten Knall, wie ein Schuss. Es heisst ja Achillessehne, weil schon bei den Griechen dieser grosse Kriegerheld, der Achilles, eigentlich hätte unsterblich sein sollen. Aber an dieser einen winzigen Stelle hinten an der Ferse blieb er verletzbar – und ist gefallen.

Ich war selten verletzt und nie schlimm Gott sei Dank. Ich hatte sehr viel Glück. Einmal riss es mir zwar bei einer WM-

Staffel die Bänder, grad ein paargenau, wegen so einer Wurzel. Ich lief halt trotzdem weiter. (lacht) Bei einer Staffel läufst eben nicht allein, sondern mit anderen Athletinnen, du kommst und gehst zu dritt hin und her, dreimal hintereinander. Jede übergibt an die nächste die Karte. Wenn eine stürzt und aufgibt, dann ist es auch für die anderen gelaufen. Darum kommt dir das nicht in den Sinn, solang du dich noch irgendwie aufrappeln kannst. Spürst es auch nicht unter der Adrenalinnarkose. Aber nähär, im Ziel – Wuooh!? –, da lampte der halbe Fuss aus dem Schuh. Ganz schlimm sah es aus.

Ich fragte mich oft, wie das funktioniert, dass man beim Rennen nicht immer auf die Nase fällt. Oder in einen Baum rennt. Wir laufen ja mit möglichst hohem Tempo und schauen meistens auf die Karte und in die Gegend, nicht auf den Boden. Das Augenmerk liegt nicht auf dem Weg, wir lassen den Blick überallhin schweifen. Und stolpern sehr selten. Ich kann es mir nicht wirklich erklären. Es kommt mir wirklich so vor – als hätte man beim Rennen eine Art inneres Auge. Als bekämen auch die Füsse, der ganze Körper Augen für den Orientierungslauf. Das ist biologisch oder wissenschaftlich natürlich Quatsch, ich habe ja lange genug Biologie studiert. Trotzdem ist etwas dran. Die Wahrnehmung ist viel mehr als die Augen.

Manchmal denke ich, vielleicht wirst du, wenn du so schnell rennst und so vollkommen gesammelt und aufmerksam Ausschau hältst und da im wilden und unbekannten Gelände die beste Strecke suchst (lacht) oder eben eher findest – vielleicht wirst ein bisschen wieder wie das Tier, das wir einmal waren. Vielleicht kommt von da dieses Glücksgefühl. Tiere rennen ja auch oder sie hangeln durch die Bäume, ohne hinzuschauen. Schnell und intuitiv oder instinktiv tun sie die richtigen Griffe und Schritte. Ich weiss nicht, was es ist. Aber es funktioniert. Und macht eindeutig glücklich.

Immer, wenn ich auf einer Wanderung ein Gemschi sehe und wie es sich so leicht und vollkommen sicher mit allen Füssen über die Erde bewegt, dann kommt eine eigenartige Sehnsucht. Dann möchte ich auch so ein Gemschi sein. Gämse heisst es korrekt. Wunderschöne Bergtiere.

Seit ich denken kann, renne ich lieber, als dass ich gehe, es ist mir am wohlsten im Laufen. Der Körper übernimmt die Führung. Er läuft bestens ohne mich, oder ohne das, was ich meistens bin, wenn ich nicht renne, nämlich ein Kopffüssler. Die Aufmerksamkeit ist überall und der Körper läuft dazu. Es ist ein bisschen, als würde ich ganz in den Körper hineinsinken, auch das Hirn sinkt mit hinein und ist erstaunlich wohl da. Alles wird Rhythmus baudgseit. Und ganz. Vielleicht ist das auch ein Teil dieses Glücksgefühls.

Wuuuh, es ist aber so, mit den Kindern hat sich das Glücksgefühl sehr verschoben. Und an alle Grenzen gehen mag ich auch nicht mehr. Generell habe ich viel mehr Angst, seit ich meine drei Kinder habe. Sogar Höhenangst – diese überwältigende Angst kannte ich früher nicht. Auch mein Vater hatte das extrem, wenn er unsere Kinder hütete. Es überrascht mich immer wieder, was für ein mütterlicher Mann er ist. Und es rührt mich auch. In solchen Momenten merke ich, wie viel Glück ich selber hatte als Kind. Der Vater war Lehrer, Mathematik, Geografie und Turnen. Und die Mutter Primarlehrerin, Textil und Zeichnen. Die ganze Palettegenau.

Ich war immer ein Familienmensch, alle bei uns sind das, harmoniebedürftig. Wenn ich es überlege – es ist nicht eine Bedürftigkeit, das tönt zu schwächlich. Eher ist es – Sorgfalt im Umgang miteinander. Man schätzt den Frieden hoch ein und pflegt ihn. Er ist ja schwirig genug aufrechtzuerhalten.

Kinder werfen dann alles durcheinander, nicht nur die Harmonie, auch die alte Ordnung, die Selbstverständlichkeiten, alles, was perfekt und durchgeplant war. Bis meine Kinder kamen, war mein Leben minutiös getaktet und ziemlich vorhersehbar. Vom ersten Moment beim Aufwachen bis zum Schlafengehen wusste ich für jede halbe Stunde, was ich zu tun hatte. Das ist praktisch. Und es ist natürlich auch eine Last. Weil alles Spontane unmöglich wird. Die wirklich wichtigen Dinge im Leben kommen nämlich nicht geplant, glaube ich.

Ich hätte das nicht mehr lange so weitermachen können, nach fünfzehn Jahren Hochleistungssport. Nicht nur wegen dem Körper, der solchen Anforderungen nicht endlos gehorchen kann. Sondern wegen dem Korsett für Geist und Seele, die in der engen Verplanung ziemlich gefangen sind. Ich war absolut perfektionistisch, so diszipliniert und bis ins Detail kontrolliert. Eisern Ziele verfolgen und alles dem unterordnen – es kann eine Sucht werden. Man will nicht mehr ohne diese Zielplanung sein – aber es macht dich leer. Es kann sogar Depressionen hervorrufen. Man erreicht zwar die gesetzten Ziele und angepeilten Gipfel und bekommt haufenweise Medaillen. Aber das Glück schleicht sich davon.

In meinem Leben fehlte das Ungeplante immer mehr. Mit den Kindern kam es zurück. Dann aber nicht zu knappgenaugenau. – Es war ein weiter und auch ein schwieriger Weg, bis es klappte. (lacht) Ungeplant schwierig. Kinder kommen nicht in Zeitfenstern. Damit sie kommen konnten, musste ich ihnen zuerst den Freiraum geben, den Kinder brauchen. Das war alles andere als einfach, ich musste mein Leben völlig umstellen. Kinder zu bekommen, ist nicht so planbar, wie ich dachte.

Ich war auf dem Höhepunkt meiner Sportkarriere. Dass ich mich überhaupt darauf einliess – das lag natürlich am richtigen Mann. Am Mann meines Lebens. (lacht) Am besten Mann der Welt. (lacht glockenhell) An meinem Mann und Partner und

Trainer und Lebensglück Matthias. Das tönt jetzt wie ein Werbespot, aber ich mein es wirklich.

Als ich ihn zum ersten Mal antraf, war ich noch sehr jung, sechzehn. Uuhromantisch, ich sass an einem Lagerfeuer, und er auch. Er ist etwas älter als ich, und wir hatten beide diese riesige Leidenschaft für Orientierungslauf. Und es hat einfach gepasst, ich kann es nicht anders erklären. Es hat einfach rundum gepasst. Fast sofort konnte ich mir nichts anderes mehr vorstellen. Und so ist es immer noch, nach über zwanzig Jahren. Überlegen mussten wir nichts. Wir sahen uns, und es war einfach so.

Matthias ist extrem gut im Planen, schon immer, und bald einmal stellte er seine eigenen Ambitionen zurück und konzentrierte sich ganz auf meinen Erfolg. Wir sind auch beruflich ein sehr gutes Team. Ich kann dir gar nicht sagen, wie viel ich diesem Mann verdanke. Ohne Matthias wäre alles sicher nicht so gekommen. Er organisierte meine Läufe, er hielt mir den Rücken frei und wurde mein Manager. Eigentlich waren wir Tag und Nacht zusammen, es lief einfach super mit uns. Und mit der Zeit fingen wir an, so kleine Spässli zu machen – Wosch mi nid öppe hürote? – So kleine Provokationen, an denen ich merkte, dass es ernster wurde. Irgendwann sagte ich – Jetzt darfst aber nicht nochmal fragen. Das nächste Mal gilt es. – Ich wartete darauf, dass er einen Antrag machte. Freiwillig wartete ich, ich hätte nicht müssen, ich hätte den Antrag auch selber machen können. Aber das wollte ich nicht. Ich finde es viel aufregender, darauf zu warten, dass der Mann aktiv wird.

(lacht) Und es war dann wirklich wunderschön! Wir hatten schon eine Weile eine kleine Tradition, sie war nach dem ersten Weltmeisterschaftstitel entstanden. Immer im Herbst, nach der ganzen Plagerei mit den pausenlosen Trainings und den vielen Läufen, überraschte er mich mit einer kleinen Reise – Sime, jetzt musst eine Tasche packen mit dem und dem drin. – Dann schickte er das Gepäck mit der Post weg, und wir gingen zu Fuss in irgendein schönes Hotel. Ins Giessbach zum Beispiel. Und äbe, in jenem Herbst führte er mich zuerst auf einen Hoger, hoch über dem Brienzersee. Und wir machten ganz zuoberst Rast auf einer Wiese. Man sieht von dort die Alpenkette, alle hohen Gipfel, Eiger, Mönch und Jungfrau. Und unten glitzert der See. Wunderschön ist es dort, also fast unwirklich. Und plötzlich packte Matthias Champagnergläser aus dem Rucksack. Und dann (lacht) kam sein Hochzeitsantrag. Dort oben, baudgseit fast schon im Himmel, dort fragte er mich. Seither ist das unser Ort.

Wir setzten dann gemeinsam alles auf eine Karte. Mein Leben war ausgefüllt mit Organisieren, Reisen, Geld auftreiben, und natürlich mit Trainingtrainingtraining. Dass es so perfekt lief, hat sicher damit zu tun, dass wir es beide extrem ernst meinten. Du musst in diesem Ziel leben, musst deine ganze Zeit und dein Geld dafür investieren, Privates und Arbeit verschmelzen. Das heisst auch haushälterisch sein, gut rechnen, nicht zu viel brauchen, minutiös einteilen. Irgendwann kommen andere dazu, die sich begeistern lassen und anfangen, dich zu unterstützen. Ich bekam einen Marktwert. Und nach und nach kamen die Goldmedaillen, die dort unten hängen.

Aber äbe – Kinder kamen nicht. Nicht so, wie wir sie planten. Soll ich das noch ein bisschen erzählen? Mit etwa dreissig meldete sich bei mir zum ersten Mal dieses Gefühl, das wahrscheinlich fast alle Frauen irgendwann bekommen – Jetzt wäre ich sehr bereit. – Es war auch ein Moment, wo die Weltmeisterschaften auf Länder fielen, die mich vom Gelände her nicht so interessierten. Es passte eigentlich perfekt.

Aber es funktionierte nicht. Es war – recht schwirig. Als ich die Pille absetzte, passierte einfach gar nichts. Irgendwann sagte die Ärztin – Frou Niggli. Dir müesst zuenäh. – Es lag nicht nur am Druck, der entstanden war, ich war auch – extrem schlank. Zu dünn. Man musste die Hormone wieder ankicken. Das war – ein wenig happig. Aber irgendwann funktionierte dann alles wie am Schnürchen.

Das Gefühl während der Schwangerschaft war überwältigend anders als alles, was ich vorher kannte. Du verlierst die Kontrolle über deinen Körper baudgseit und merkst, wie gut er es selber kann. Wie gut er alles macht. Als Spitzensportlerin war ich mich gewöhnt, den Körper nach meiner Pfeife tanzen zu lassen und ihn ganz zu kontrollieren. Und plötzlich passiert es mit dir, du wirst – so voll Natur. Mit der Zeit konnte ich das richtig geniessen.

Unsere Tochter Malin kam im 2008 auf die Welt. Und im nächsten Jahr bin ich wieder OL gelaufen. Fünf Jahre lebte ich so, als Spitzensportlerin und als Mutter. Das war logistisch eine ziemliche Herausforderung. Ich war häufig unterwegs an Rennen, und die Familie kam mit. Das alles ging nur, weil mein Mann und meine Eltern sich voll an das hingaben – sie hüteten und kümmerten sich um alles. Ich musste ja genug schlafen und den Trainingsplan einhalten können. Es war – ungeheuer anstrengend. Und die Zeit verdunstet geradezu vor dir.

Irgendwann hatten wir das Gefühl, wir möchten noch eins. Wir wussten, 2012 ist nochmal eine WM in der Schweiz, und da wollte ich unbedingt dabei sein. Und so ging es um die Frage – Tun wir es vorher? Oder nähär? Noch ein Geschwister probieren? – Und wieder sagte die Ärztin – Frou Niggli, Ihr müsst zuerst wieder zulegen! – Und dann kam halt noch einmal alles anders als geplant.

Wir bekamen Zwillinge, zweieiige, einen Buben und ein Mädchen. Juuuuuh – wie soll das gehen? Wie machen wir das?

Zwei Babys und ein Kleinkind, und ich wollte doch zurück zum OL. Ich war ziemlich sicher – jetzt ist es gelaufen. Nach der ersten grossen Überraschung dann Durchatmen – wir hatten doch schon so viel gemeistert. Warum sollte das nicht auch gehen? Und die Eltern und die Schwiegereltern waren da für uns. Ein riesiges Geschenk. Klar gerieten wir auch ab und zu aneinander, man hat ja nicht immer die gleichen Ansichten. Aber ohne sie hätte ich aufhören müssen. Das treibt mir grad das Augenwasser. Ich werde es ihnen nie zurückgeben können.

Die erste Geburt ging – huuuu – ewig. So kam es mir vor. Ich war sehr, sehr lang in den Wehen. Das lag vielleicht auch an meinen Bauchmuskeln, für eine Geburt müsste alles pfludiweich sein. Am Schluss ging es dann gut, nur einfach – so wahnsinnig lang. Ein Marathon. Es war eine Anstrengung, die man sich im normalen Leben nicht vorstellen kann. Und auch nicht aushalten.

Mit der Schmerzspritze ging es dann viel besser. Ich konnte mich sogar ein bisschen erholen. Und die letzte Phase, die Presswehen, das fand ich sogar super. Weil ich im Ganzen, was da so seltsam ablief, wieder aktiv sein konnte und meine Kraft hineingeben. Und dann kam das Kindchen und alles war gut.

Für uns begann natürlich ein völlig anderes Leben. Ich würde sagen, Kinder zu bekommen und voll berufstätig zu bleiben, das ist im Prinzip kein Problem. Man muss es aber wirklich wollen. Man muss sich sehr gut organisieren, vor allem auch als Paar. Aufgaben verteilen, kreative Lösungen finden für alle. Am schwierigsten war der Anfang, als das ganze Theater mit dem Stillen losging. Stillen ist sehr schön, aber es kann auch Stress werden. Manchmal helfen die Mütterberatungsstellen mit ihren Waagen und Tabellen vor allem, Druck zu machen. Meine Tochter nahm nicht so zu, wie es die Tabellen vorsahen. – Frou Niggli, Sie haben zu wenig Milch, Sie müssen häufiger ansetzen! – hiess es. Ich fühlte mich miserabel – ich lasse mein Kind verhungern! Und ich hasste diese hässlichen Pumpapparate am Busen. Das war echt Horror.

Irgendwann sagte ich zu meiner Tochter – So, fertig, basta. Jetzt hören wir auf mit dem Stress. – Ich stillte ab, von da an ging es uns super. Bei den Zwillingen fing ich gar nicht mehr an damit. Ich hatte grosses Glück und bekam eine feine und erfahrene Hebamme, die selber auch Zwillinge hatte. Sie sagte – Stress ist für alle schlecht. Jede Frau merkt selber, was das Beste ist für das Kind und sie.

Nie hätte ich daran gedacht, wegen der Kinder mit meiner Passion aufzuhören. Aber alles immer wieder unter einen Hut zu bringen mit drei Kindern, das wurde auf die Dauer enorm kompliziert. Sicher war das Feuer für den Orientierungslauf noch da, ich glaube, das bleibt immer in mir. Aber ich hatte sehr viel erreicht und wollte es mit meinen Eltern und meinen Schwiegereltern, die uns so oft halfen, nicht überstrapazieren. Ich hätte nie gewollt, dass durch meine Liebe zu diesem Sport für andere etwas Negatives entsteht. Baudgseit ohne es richtig zu merken, fing ich an, über einen Rücktritt nachzudenken.

Auch körperlich hatte sich etwas verändert, nicht nur wegen der Schwangerschaften. Ich hatte plötzlich Muskelprobleme. In den ganzen Jahren hatte ich grosses Glück gehabt, keine schlimmen Verletzungen. Aber irgendwann merkte ich – Oha! Jetzt fängt es sochli an. – Der Körper gibt Zeichen. Und man wird halt nicht jünger und bräuchte mehr Zeit für die Erholung. Und zu Hause warten drei kleine Kinder und ein super Mann auf die Mutter und die Frau. Der Druck wird gross. Auch der Erfolgsdruck. Du willst deine Fans und deine Sponsoren nicht enttäuschen.

Bei meinem letzten grossen Rennen in Skandinavien, von dem ich gar nicht wusste, dass es das letzte wurde, war es plötzlich da. Das Gefühl – nein, die Gewissheit – jetzt ist es richtig. Jetzt ist es rund. Ich rannte meine Strecke, ich kam ins Ziel und wurde zum 23. Mal Weltmeisterin. Es ist ganz schwierig zu beschreiben – noch im Lauf, urplötzlich, wurde ich ganz seltsam glücklich. Irgendwie wohlig und zufrieden. Es war wie eine Eingebung – Mou, das isches gsi. Jetzt ist es gut. – Ein Kreis hatte sich geschlossen.

Laura, 24

Eis fällt vom Dach und schlägt in Brocken zu Boden, wo es Seelein bildet, die zu rinnen beginnen und in den Fluss münden, in die schäumende Thur hinter dem Hag. Auf dem leeren Parkfeld nebenan spielt ein Mann mit einem kleinen Auto, er steuert es hin und her, hin und her. Sieben Berge hocken darüber, schauen herunter mit Bärten und Zipfelkappen. Wie eine Insel sitzt das alte Haus in den Auen, die unter der Kantonsstrasse und dem gebauten Allerlei fast verschwinden. Zwei Katzen streichen herum im warmen Raum, ihre Felle duften. Auf einem Stein brennt ein Feuer.

Ich habe schon immer hier gelebt, immer im Tal. Aber an verschiedenen Stellen, rauf und runter. Mein Vater ist so eine Art Zigeuner, wir sind ständig umgezogen. Nur einmal zog ich hinaus nach St. Gallen, in die Stadt, aber nicht lang. Bis ich jährig war, waren wir in Lichtensteig, dann am Rand von Nesslau, dort zogen wir noch ins Dorf, und später wieder hinauf an den Rand. Und auch hier wohnten wir vorher schon an zwei verschiedenen Orten. Und einmal eben St. Gallen, dort war ich in einer WG, zum ersten Mal weg. Und nachher zog ich mit meinem Freund zusammen, wieder an einen anderen Ort. Und jetzt bin ich hier. Hier gefällt es mir.

Es gefällt mir in beiden Gegenden gut, in der Stadt und auf dem Land. Aber ich habe lieber Grün um mich herum. Das Grün bewirkt, dass ich mich wohlfühle. Automatisch fast. Auf dem Land fühle ich mich – freier. Ich kann mehr mich selber sein.

Mehr machen, was mir gefällt. In der Stadt ist vieles. Und vieles ist spannend. Von den Leuten her, von der Mischung, von den Möglichkeiten her. Es ist viel los, es ist laut, überall läuft etwas. Aber es ist auch eng, einschränkend. Man ist ständig angesprochen und wird vom Wichtigen abgelenkt. Und so viel brauche ich gar nicht. So viel ist mir bald zu viel. Hier im Tal finde ich eine grössere Entspanntheit, in allem, auch in den Menschen. Gelassenheit fast. Die Berge, die Steine, die Wiesen, der Fluss. Und die Tiere. Ich fühle mich in Ruhe gelassen. Das brauche ich.

Es ist auch persönlicher hier. Im Dorf kennst viele verschiedene Leute, und man grüsst sich. Man schaut sich an und lächelt ein bisschen, das tun eigentlich alle. Man muss sich gar nicht besonders mögen, sich auch nicht gut kennen, man ist einfach freundlich zueinander. Ich mag das. Man weiss voneinander und hilft sich. Das ist kein Cliché, ich erlebe das sehr. In der Buchhandlung nebenan sah ich einmal zufällig ein Buch und hatte grad zu wenig Geld dabei. Und der Buchhändler sagte, ich könne es später zahlen. Kommst morgen. Wir kannten uns noch gar nicht, ich war ja erst eingezogen. Es herrscht ein Grundvertrauen zueinander, das ist so.

Mir wäre es auch gleich, irgendwann wieder in die Stadt zu ziehen. Aber lieber weiter weg. Mit St. Gallen verbinde ich eine sehr schwere Zeit in meinem Leben. Magst du auch Geschichten hören, die nicht besonders lustig sind?

In Wattwil machte ich die Lehre als Fage, das ist ein komisches Wort, man kann sich darunter überhaupt nichts vorstellen. Es ist eine anspruchsvolle Ausbildung. Ich sage lieber Krankenschwester. Ich fühle mich gern als Schwester von kranken Menschen. Jemand, der sie gernhat und sich auskennt. Und ihnen in der Krankheit beisteht. Gesundheitsschwester ist doof. Krank ist krank, was soll man da beschönigen. Fachfrau Gesundheit tönt wie ein Reklameprospekt, wie ein Stelleninserat. Einstellen tut einen ein Personalmanager. In unserem Beruf sind jetzt viele Manager und Managerinnen. Fage muss ich immer zweimal sagen, weil die Leute Fabe verstehen. Das ist aber etwas anderes. Ich habe keine Ahnung, wer diese Wörter macht. Fachleute für Wörter sind es glaub nicht grad.

Mein Wunsch ist, dass ich jetzt auch den zweiten Teil der Ausbildung fertigmache, die höhere Fachschule. Das muss man, um eine wirklich interessante Arbeit zu haben. Es sind nochmal zwei bis drei Jahre. Und nachher will ich endlich schaffen, ich freue mich so darauf. Ich würde gern für das IKRK in Krisengebiete gehen. Das war immer meine Vorstellung, und das ist jetzt, seit ich meine Ziele wieder besser sehe, meine Vorstellung. Diese Vorstellung – sie ist mein Traum und erfüllt mich. – Wenn es mich schon hier in der sicheren Schweiz erfüllt, dass ich mit meinem Beruf den Leuten oft helfen kann, dann ist es eine noch schönere Vorstellung, wirklich geplagten Menschen etwas zu geben von dem, was ich habe und verstehe. Ich glaube, ich habe wirklich meine Berufung gefunden als Krankenschwester.

Leider kann man nicht immer helfen. Das tut weh. Ich kann aber gut abschalten, wenn ich heimgehe. Dann setze ich mich hier ans Feuer. Das beruhigt mich immer. Oder ich rede mit dem Team. Die Lehre gefiel mir supergut, sie dauerte drei Jahre. Wenn jemand plötzlich ein bisschen lachen kann, trotz allem, das gibt dem Tag einen Sinn. Wenn ich Hoffnung geben kann. Auch das Fachgebiet interessiert mich sehr, die medizinischen Details. Alles interessiert mich an diesem Beruf, die so unterschiedlichen Menschen, die vielfältigen Krankheitsbilder, die verrückten Geschichten, auch die Teamarbeit.

Es war ein grosser Schritt für mich, bis hierher. Weil ich – uh schüch bin. Schon immer. Extrem schüchtern. Gegen Ende der

Lehre konnte ich überall offener werden. Die Arbeit mit den kranken Menschen und dem guten Team halfen mir enorm.

Ich weiss recht gut, wie es ist, wenn man leidet. Und was Hilfe bedeutet. Und ich weiss darum ganz genau, warum ich helfen will. Weil ich weiss, dass man helfen kann, wenn man weiss, wie. Weil ich es erlebt habe. – Ich weiss jetzt, dass ich helfen kann. Dass ich diese Gabe habe.

Dass ich diesen Beruf lernen wollte, liegt an meinem grossen Wunsch, ganz präzis zu wissen in Notsituationen, was zu tun ist. – Es gab einen Moment in meinem Leben, wo ich es leider nicht wusste. Es einfach leider nicht wusste.

(Es bimmelt. Ein Züglein kommt, ein Züglein geht.) Wollen wir uns ans Feuer setzen?

Diese Feuerstelle habe ich zusammen mit meinem Vater gebaut. Wir haben das Haus zusammen geflickt, alles neu gemacht. Auch den Garten, alles. Wir haben das Haus für meine älteste Schwester umgebaut, sie wohnt jetzt hier, einen Stock höher. Wenn etwas mit ihr ist, bin ich hier. Vor einem Jahr arbeitete ich noch bei meinem Papi, weil ich keinen Job fand. Ich arbeitete bei ihm auf Baustellen. Und ich habe mit ihm dieses alte Haus restauriert, wo wir jetzt wohnen. Die Wände neu gemacht, die Balken abgelaugt, den Boden neu verlegt und auch die Feuerstelle gemauert.

Mein Vater findet immer alte Häuser, die eigentlich Ruinen sind. Bevor sie einstürzen, kommt er und flickt sie. Er ist eine Art Häuserheiler. Alle Häuser, in denen wir wohnten, hat er restauriert. Ich habe sie mega gern. Es waren spannende Häuser, in denen es viel zu entdecken gab. Bei meinem Vater ist es so – wenn er ein Haus einmal in die Familie aufnimmt, schliesst er es ins Herz. Sodass wir dann immer dort einzogen, wenn er es fertig geflickt hatte. Er kauft sie, bevor sie zusammenfallen, und dann restauriert er sie. Das macht er überhaupt am liebsten. Es waren nicht immer Bruchbuden, aber immer wunderschöne Häuser, die etwas Besonderes haben. Auch alte Fabriken kaufte er im Tal, bevor sie abgerissen wurden. Und verkaufte sie dann. Reich wurde er nicht damit, mein Vater hatte nie Geld. Aber er wohnt in sehr schönen Häusern.

Alte Gebäude sind seine Leidenschaft. Er sagt manchmal, sie rufen ihn. Das Haus in Nesslau, wo wir ganz früher eine Weile waren, das stand zum Beispiel auf der anderen Talseite, unter den Berghängen. Es war ein Holzhaus und ein bisschen traurig. Der Vater verliebte sich so, dass er es auseinandernahm und Balken für Balken an eine Stelle zügelte, die ihm gefiel. Jeden Balken beschriftete er, dann baute er das Haus Stück für Stück am Sonnenhang wieder auf.

Eigentlich ist er Ofenbauer, Hafner, das lernte er. Mit zwanzig hatte er sein eigenes Geschäft für Öfen. Er weiss alles über Wärme, über ihre Speicherung, über alte Kacheln sowieso. Wenn mein Vater redet, redet er fast immer über Öfen. Er kennt ihre Geschichte. Und er kennt jedes Detail über die Bauweise des Hauses rund um den Ofen. Der Ofen war früher das Zentrum. Die Leidenschaft des Vaters war immer ein wichtiger Teil in unserem Leben.

Sonst redet er nicht viel. Über das Feuer sprach er nie mit uns. Aber es brannte immer eins bei ihm. Wo mein Papi ist, brennt ein Feuer in der Feuerstelle, das ganze Jahr hindurch. Warum er diese Leidenschaft hat, weiss ich eigentlich nicht. Sein Vater führte einen Gemüseladen in Lichtensteig, und nachts arbeitete mein Grossvater in der Fabrik. – Die Mutter meines Vaters ging weg. Meine Grossmutter verliess ihre Familie und die Kinder, als mein Vater zwei war. Ich weiss nicht, was ihr widerfahren ist, dass sie den Mann mit den vier Kindern verliess. Es muss etwas Schlimmes gewesen sein.

Wir sind sechs Geschwister. Ich habe eine Zwillingsschwester. Und jedes von uns hat daheim ein Feuer, jedes schätzt das sehr. Auch meine beiden Brüder arbeiten mit Feuer, einer ist Ofenbauer, der andere Kunstschlosser. Der Vater gab uns allen eine Sicherheit. Wenn wir nichts gefunden hätten, keine Arbeit, keine Lehre, hätten wir bei ihm lernen und arbeiten können. Diese Option hatten wir von Anfang an. Ich glaube, er hatte seinen Betrieb nicht zuletzt deshalb.

Später lebte der Vater dann nicht mehr mit uns, aber er war immer für uns da.

In der Stadt vermisste ich auch das Feuer. Feuer ist für mich Daheimsein. Ich habe es mega gern warm, immer und überall. Und Feuer ist ja nicht nur warm – wenn ich in die Flammen schaue, werde ich ruhig. Ich kann am Feuer sehr entspannt sein und meinen Gedanken nachgehen, ohne etwas anderes zu tun. Es ordnet sich alles am Feuer, es wird einfach und überschaubarer. Das Unwichtige verdampft. Ein Ort mit einem Feuer, das Knistern und Knacken und die Wärme – das ist eigentlich fast alles, was ich brauche. Ich glaube, für mich ist das lebenswichtig.

Ich ging immer zu meinem Vater, wenn es mir nicht gut ging. Setzte mich zu ihm in die Küche. Er hat ein riesiges Cheminée in seiner Küche. Wir reden nie viel, aber wir sitzen zusammen vor den Flammen. Als Kind legten meine Zwillingsschwester und ich uns auf den Kachelofen, das war unser Versteck. Unser Heiligtum. Und an Silvester übergaben wir Zettel mit unseren Wünschen dem Feuer. Solange der Vater bei uns war, machten wir es so.

Die Eltern trennten sich aber. Eine Weile wohnten wir mit der Mutter noch im alten Haus, ich war in der vierten Klasse. Irgendwann wurde das Haus zu gross, weil meine grossen Brüder auszogen. Mein ältester Bruder ist sechzehn Jahre älter als ich. Und dann zogen wir mit unserem Mami – halt irgendwohin. Es war ein bisschen schwierig. Weil alles anders wurde, so ganz anders.

Meine Mutter ist Lehrerin. Als wir noch klein waren, hat eher der Vater seine Träume ausgelebt. Der Vater wusste immer, was seine Träume sind. Sie kamen über ihn. Er kann nicht anders, als das zu leben, was er träumt, glaube ich. Die Mutter fing erst spät damit an herauszufinden, was sie sonst noch vom Leben wollte, neben den Kindern. Mit sechs Kindern ist es ein bisschen schwierig, etwas anderes zu denken. Ich bin zusammen mit meiner Zwillingsschwester die Jüngste. Ich glaube, meine Eltern wollten schon viele Kinder. Ob so viele, bin ich nicht sicher. Und wahrscheinlich eher – zusammen.

Soviel ich weiss, wurde meine Mutter zum ersten Mal schwanger, ohne es zu wollen. Sie war erst zwanzig, der Vater neunzehn. Sie waren verliebt, das glaube ich. Natürlich heirateten sie, als sie schwanger wurde. Aber sie haben sich – wie soll ich sagen – nicht immer gut verstanden. Ich glaube, es ist nie so gut kommuniziert worden zwischen ihnen. Zum Teil über Zettel. Manchmal redeten sie wochenlang kein Wort miteinander. – Oder sie stritten. – Irgendwann trennten sie sich.

Jahrelang wünschte ich mir nichts sehnlicher, als dass meine Eltern wieder zusammenkommen. Jedes Mal, wenn ich eine Sternschnuppe sah, wünschte ich mir das so sehr. Ich bin gut im Sternschnuppensehen, es gibt hier sehr viele in der Nacht.

Jetzt finde ich es besser so, wie es ist. Bei der Mutter habe ich das Gefühl, sie lebte richtig auf. Nachdem sie wieder mehr für sich sein konnte und machen, was sie wollte. Der Vater wollte sie vor allem daheim haben, bei den Kindern. Vielleicht, weil er keine Mutter hatte. Und natürlich im Geschäft, das war auch sehr nötig. Mein Vater ist nicht so der Geschäftsmann, mehr eine Art Künstler. Um die Buchhaltung kümmerte sich die Mutter, und das gab ihr schlaflose Nächte. Nach der Trennung arbeitete sie dann wieder in ihrem Beruf als Lehrerin. Und hat auch wieder einen Partner. Von der Liebe her ist sie wahrscheinlich glücklicher als der Vater, glaube ich. Und von der Verwirklichung her finde ich jetzt beide glücklich.

Für mich und meine Schwester war das Hafnern nie eine Option. Lange wusste ich sowieso nicht, was mit mir anfangen. Es ging mir lange nicht so gut. Gegen Ende der Sekundarschule mussten wir mit der Klasse zu einem Jobcoach. So heisst der Berufsberater hier auf dem Land. Der fragte mich, ob ich mal einen Kindheitstraum hatte. Da fiel es mir wieder ein – Krankenschwester. Fage hätte ich sicher nicht geträumt. Schon ganz früh war dieser Beruf für mich klar gewesen, ich hatte es nur vergessen. Lustigerweise hatte ich da bereits eine Lehrstelle, als Fage. Das war ohne viel Studieren gekommen.

In der Zeit war ich eben viel im Spital. Ich besuchte meine älteste Schwester. Sie war sehr lange im Krankenhaus, und ich ging sie jeden Tag besuchen. Darum kam der Kick – Ich will in die Pflege. – Ich war dreizehn, und die Schwester ein bisschen älter als ich jetzt. Es passierte alles, nachdem sich meine Eltern getrennt hatten. Eine heavy Zeit. Meine Schwester hatte einen schweren Hirnschlag. – Das war nach der Trennung der zweite tiefe Einschnitt in mein Leben.

Warum es geschah, weiss niemand genau. Wir haben eine genetische Vorbelastung, nur die Frauen. Die Grossmutter hatte auch zwei Hirnschläge und meine Mutter mehrere schwere Thrombosen. Nach dem Schlag bei meiner Schwester mussten wir uns alle testen lassen, und man entdeckte die genetische Vorbelastung. Nicht alle haben es. Meine Zwillingsschwester hat es nicht, nur ich.

Es riss bei meiner Schwester an diesem Tag etwas in der Halsschlagader ab. Und das wanderte ins Hirn. Zuerst meinten sie, sie habe einen epileptischen Anfall, weil sie zuckte und Schaum vor dem Mund hatte. Und dass sie das meinten – ja, das war schlecht. Die Sanitäter machten nicht genug vorwärts deswegen. Sie taxierten es nicht als extrem pressanten Notfall, und es ging viel kostbare Zeit verloren. Die Ambulanz kam zwar schnell und brachte meine Schwester nach St. Gallen ins Spital. Aber dort nahmen sie es anscheinend recht gemütlich, bis endlich jemand kam. Man schätzte es nicht richtig ein. – Es hat das Leben meiner Schwester schwer beschädigt.

Ich weiss jetzt, dass die erste Stunde nach einem Schlag absolut entscheidend ist. Jetzt weiss ich das. Und wie ein Schlaganfall aussieht. Und was man tun muss. Jetzt wüsste ich es.

Die Eltern redeten in der Zeit kein Wort miteinander. Wir mussten ständig vermitteln zwischen Mami und Papi. Auch als das mit der Schwester passierte, haben wir Kinder den Vater angerufen. Nicht die Mutter. – Du. Im Fall. Sie ist im Spital. –

Zehn Tage lag sie im künstlichen Koma. Sie war halbseitig gelähmt, konnte nicht mehr reden. Sie musste alles neu lernen. Jetzt geht es wieder, inzwischen hat sie wieder laufen gelernt und kann auch wieder sprechen. – Aber es hat sich alles verändert. – Das ist nach einem solchen Einschnitt normal.

Schwierig war es für ihr Kind. Meine Schwester bekam schon früh ein Kind. Eher ziemlich unerwartet erwartete sie es. Auf eine Art wie damals meine Mutter. Meine Nichte musste stark werden, sie ist sehr stark. Jetzt ist Pubertät angesagt, das ist manchmal anstrengend für meine Schwester. Wahrscheinlich für beide. Aber sie machen es beide extrem gut.

Es war eine seltsame Zeit. Alles kam zusammen, Einschnitt nach Einschnitt. Immer wieder etwas Neues. Und es tat sehr weh. Ich musste mich ständig ausgraben, so gut es ging. In dieser Zeit bekam ich Albträume, sie sind geblieben bis heute. Jede Nacht kommen sie, mal schlimmer, mal weniger. Ich gewöhne mich nie daran. Es wurde so schlimm, dass ich lieber nicht mehr schlafen wollte. Und dann auch nicht mehr konnte. Damals wusste das niemand. Ich erwähnte es schon, aber die Eltern hatten andere Sorgen.

Zum Glück hatte ich meine Zwillingsschwester. Sie ist wie eine andere Hälfte von mir. Sie ist die Ältere, ich kam nach ihr auf die Welt. Oft machen wir das Gleiche, ohne uns abzusprechen. Fangen zum Beispiel im gleichen Moment an, das gleiche Lied zu singen. Solche Sachen gibt es bei uns. Oder wir sagen die gleichen Sätze gleichzeitig. Wir haben eine sehr enge Beziehung. Bei ihr spüre ich alles sofort. Noch viel mehr als bei anderen Menschen.

Lange erzählten wir uns einfach alles. Wenn wir zum Beispiel in unserem Versteck auf dem Kachelofen lagen. Auch später noch. Meine beste Freundin war immer meine Schwester. Wir sind eigentlich ziemlich verschieden, zweieiige Zwillinge, man sieht nicht mal, dass wir Geschwister sind. Aber wir teilten jahrelang alles, machten alles zusammen. Und stritten uns nie. Wir haben eine innere Verbundenheit, immer, obwohl wir seit längerem verschiedene Wege gehen, andere Leben leben. Im Moment reden wir wieder über alles und sehen uns oft. Die Zwillingsschwester wohnt auch hier im Tal. Fast alle meine Geschwister wohnen in der Nähe.

In diese Zeit mit den dramatischen Einschnitten gehört auch, dass wir getrennt wurden. Meine Zwillingsschwester kam ins Gymnasium, ich ging in die Sekundarschule. Ich musste lernen, ohne sie zu leben. Das war sicher richtig. Aber ich hatte nie wieder eine so gute Freundin, wie sie es für mich war. Manchmal wünsche ich mir das heute noch. Im Moment ist es gut, so wie es ist.

Für sie war alles weniger schlimm. Obwohl wir die gleichen Wurzeln haben, die gleiche Geschichte, die gleiche Kindheit und Jugend, die gleichen Geschwister, die gleichen Eltern, die gleiche

Umgebung und sehr oft gleichzeitig auch die gleichen Sachen erlebten. Es hat sich nicht gleich ausgewirkt. Ich weiss nicht, warum das so ist. Ich überlege mir nicht viel dazu, ich nehme es einfach zur Kenntnis. Dass es bei mir anders ist als bei anderen und auch anders als bei meiner Schwester. – Dass das Gleiche nie das Gleiche ist.

Es ging mir schlecht, aber ich erzählte es niemandem. Nicht mal meiner Schwester. Ich müsse alles allein durchbeissen, hatte ich das Gefühl. Wollte keine Hilfe, glaube ich. Ich wollte keine Hilfe brauchen müssen, wollte nicht wissen, dass ich am Abgrund stand. Lange Zeit konnte ich mir selber nicht eingestehen, dass es mir schlecht ging. Ich verdrängte es. Wollte tapfer sein und versteinerte fast. Sich etwas einzugestehen, heisst auch, zuerst einmal richtig schwach werden. Das macht Angst.

Es gab eine Zeit, da wurde ich in der Schule gefoppt. Gehänselt, weil ich anders aussehe als die anderen. Vor allem auch ganz anders als alle anderen in der Familie. – Ha, du bist doch vom Pöstler! – Das war in der Zeit, als meine Eltern sich trennten. Es stellte sich plötzlich heraus – dass meine Zwillingsschwester und ich einen anderen biologischen Vater haben als unsere Geschwister. Dass unser Papi nicht unser leiblicher Vater ist. Nochmal ein schlimmer Einschnitt.

Jetzt hole ich schnell Wasser. Magst auch ein Glas Wasser?

(Es bimmelt wieder, ein Züglein kommt, ein Züglein geht) Ich weiss nicht, wie viel darüber im Buch stehen kann. Das muss ich noch überlegen.

Mein leiblicher Vater war ein Kollege von meinem Papi. In der Zeit hatten es die Eltern bereits nicht mehr gut miteinander. Und der Kollege interessierte sich für meine Mutter. Er zeigte ihr, dass er sie gut fand und interessant und schön. Das tat ihr sicher wohl und machte sie froh. Mein Mami hatte schon vier Kinder und arbeitete hauptsächlich für das Geschäft und für uns. Sie hatte nichts für sich. Und da kommt dieser Mann und machte ihr Komplimente, ich kann es mir vorstellen. Unser Papi – ist eher ein Stiller. Er zeigt es nicht, was er fühlt. (lacht) Ich glaube, meine Schwester und ich kamen quasi bei der erstbesten Gelegenheit, die sich da für ein Momentchen bot. Wir liessen uns nicht zweimal bitten. (lacht sehr) Und ich glaube – wir wurden aus einer Freude gezeugt. Das finde ich schön.

Schön war auch, dass mein Papi uns sofort akzeptierte. Wie seine eigenen Kinder. Mein Mami sagt das. Wir waren sogar – ich glaube, wir waren sogar seine Lieblinge. Ich habe meinen Papi sehr, sehr, sehr gern.

Die Mutter hatte sonst keinen Kontakt mehr mit unserem leiblichen Vater. Wir redeten nie über ihn. Erst in letzter Zeit wurde es für mich wichtig. Die Mutter konnte mir einiges erklären. Ohne die Offenheit und die Gespräche mit meiner Mutter könnte ich mich selber nicht gut verifizieren. Es hilft mir, andere Seiten der eigenen Geschichte in Erfahrung zu bringen.

Ich habe ihn nur einmal gesehen. Als ich in der Lehre war, begegneten wir ihm zufällig, an einer Veranstaltung hier im Tal. Meine Schwester und ich waren mit meiner Mutter da. Er grüsste kurz und interessierte sich auffallend für uns. Wir gingen dann, und draussen sagte mein Mami – Das war er. – Und wir – Nein?! – Es war das einzige Mal, wo wir ihn trafen. Ich versuchte später, mit ihm Kontakt aufzunehmen, per Mail, auch mit einem Brief. Aber er reagierte nie.

Irgendwie möchte ich trotzdem nochmal versuchen, mit meinem biologischen Vater wenigstens einmal ein gutes Gespräch zu führen. Mehr nicht. Vielleicht befürchtet er, wir wollen Geld oder sonst etwas von ihm. Dabei geht es im Leben doch zuallerletzt um Geld. Es geht für mich darum zu wissen, wer er ist. Und zu erfahren, woher ich stamme. Weil mich halt ständig alle fragen – Gäll, du hast sicher andere Wurzeln. – Ich kenne meine Wurzeln nicht. Als ich ihn traf, wusste ich immerhin, woher ich meine Hautfarbe habe.

Ich glaube nicht, dass etwas heilt, wenn man redet. Vielleicht hilft es einem, wenn man versteht, was geschehen ist und mit einem bis heute geschieht. Wir Kinder baden doch ein bisschen die Eltern aus. Und ich möchte gern verstehen. Ich glaube nicht, dass es ums Verzeihen geht, ich überlege das nicht. Es geht nicht um eine Schuldzuweisung, damit einem wohler wird. Das meint man immer. Es geht darum, dass man versteht. Nur so kommt man ein Schrittchen weiter. Und gelangt vielleicht zum Frieden. Und hat keine Albträume mehr.

Mein Papi begann erst mit vierzig, seine Mutter zu suchen. Und er fand sie, meine Grossmutter, die ihre Kinder verlassen hatte. Er konnte mit ihr sprechen. Er erzählt, dass er erst in diesem Moment die Geschichte zumachen konnte, mit diesem Gespräch. Wahrscheinlich ging er auch darum später zu unserem biologischen Vater, zu seinem ehemaligen Freund. Um mir zu helfen. Er bat ihn, sich mit mir zu treffen. Weil ich extrem geschwommen bin – in all den alten Geschichten ohne Lösung. So ist mein Papi, er machte das. Wir sehen uns oft. Manchmal gehen wir zusammen im Tiefschnee Schneeschuh laufen.

Ob ich sensibler bin als andere, weiss ich nicht. Ich kann nur von mir reden. Immer ging mir alles im Leben sehr nah, das Leben sehr nahe. Seit ich denken kann, habe ich ein extremes Sensorium für andere, fühle sehr stark mit. Ich spüre die anderen oft so stark, höre sie, als wäre ich sie. Wenn es jemandem in meiner Nähe nicht gut geht, dann habe ich das klare Bedürfnis, da zu sein. Es gibt nichts Wichtigeres dann. Bis es besser geht. – Reden ist nicht so für mich.

Inzwischen kann ich diese Sensibilität als Gabe sehen. Sie hilft mir in meinem Beruf. Aber man muss sich schützen und abgrenzen lernen. Sonst löst man sich in den anderen auf. – Andere stark wahrzunehmen, ist nicht so Mode. Cool sein eher. Ich glaube, man lächelt ein bisschen über Menschen wie mich. Man sagt Helfersyndrom, Gutmensch. Das ist alles abschätzig. Aber wir können nicht existieren ohne Menschen, die helfen. Ohne Menschen, die gut sind zu anderen. Niemand kann das, es ist eine schreckliche Überheblichkeit, das zu glauben. – Dabei wäre es doch ein schönes Ziel zu schauen, dass es uns allen möglichst gut geht. Dafür müssen wir einander helfen. Ich denke nicht zu viel darüber nach, aber manchmal macht es mich traurig. Dass alle vor allem für sich schauen.

Ich war oft niedergeschlagen in der Pubertät. Ich konnte nicht mehr essen, konnte nicht schlafen, nahm Schlafmittel. Der Hausarzt verschrieb mir ein Antidepressivum und Temesta. Ich nahm die Pillen schon sehr jung, nehme sie immer noch. Ich bin nicht sicher, ob mir das gutgetan hat. Man hört Verschiedenes über diese Medikamente. Wenigstens konnte ich manchmal schlafen. Aber es ist ein Schlaf wie aus Blei. Mit der Zeit bekam ich auch Allergien. Und fühlte mich immer deprimierter. Der Hausarzt verschrieb weiter Tabletten.

Dann – bekam ich selber eine Thrombose. In der Nacht fing es an, im dritten Lehrjahr. Etwas tat extrem weh im Unterschenkel. Man sah sonst nichts, es tat einfach nur sehr weh beim Laufen. Der Hausarzt schickte mich zum Ultraschall. Dort sahen sie einen Bluterguss, ich solle in vier Tagen nochmal kommen. Und erst dann merkten sie, dass es eine Thrombose war. Ich hatte die Pille genommen, Verhütungspille, mit ganz wenig Östrogen drin. – Wieder ein Einschnitt, ein dramatischer, ich hatte Angst. Jetzt ist der Schlag nicht mehr weit. Jetzt kommt der Schlag.

Die Lehre hatte ich schon abgeschlossen und mit der Fachhochschule begonnen. Und war nach St. Gallen gezogen. In eine Zweck-WG, wir hatten nicht gross miteinander zu tun. In der Stadt fühlte ich mich sehr allein. Irgendwie auf einen Schlag verlor ich alle Menschen. Man ist viel einsamer in der Stadt, obwohl es so viele Leute hat. Mit der Zeit – ging es fast nicht mehr. Ich schlief nur noch – oder gar nicht. Vielleicht wegen diesem Medikament, das mir der Hausarzt verschrieb, ich nahm die ganze Zeit Temesta. Aber es half nicht, im Gegenteil. Ich konnte mich nicht mehr konzentrieren. Und ich veränderte mich, wusste nicht mehr, wer ich war, ich verschwand irgendwie. Nur noch Niedergeschlagenheit, diese Niedergeschlagenheit wurde dafür immer grösser. Und am grössten wurde die Verachtung für mich selbst.

Eine Selbstzweiflerin war ich immer gewesen. Aber dann wurde es krass, und ich begann bei der Arbeit Fehler zu machen. Ich verstand das selber nicht. Weder in der Schule noch bei der Arbeit, die ich doch so gern machte, hatte ich früher Mühe gehabt. – Und immer musste ich weinen. Eines Tages war es so schlimm, dass ich nicht mehr aufhören konnte. Heulend ging ich zum Mami, und sie rief wieder den Hausarzt an. Und der sagte – Geben Sie ihr Temesta. –

Ich lieferte mich dann selber ein, in eine Klinik, stationär. Und verlor nach kurzer Zeit meinen Ausbildungsplatz an der Fachhochschule. Mein Vorgesetzter und die Managerin kamen mit mir überein, dass es vorderhand keine Ziele gäbe für mich hier. Ich sah es ja ein. Und natürlich hielt ich alles für mein Versagen. Für Charakterschwäche. Das war nochmal eins obendrauf. Noch ein böser Einschnitt in mein Leben.

Schliesslich fing ich selber damit an – es hatte ja eine gewisse Logik. Ich fing an, mich selber zu verletzen. In der Klinik begann ich damit, ich weiss nicht mal, ob ich es dort bei anderen gesehen hatte. Ich schnitt mir in die Haut mit Rasierklingen. Ich schlug auch meine Unterarme gegen harte Kanten, bis sie blau wurden. Es tat weh, und es tat gut. Für diesen Moment. Ich machte das, weil ich mich sonst nicht mehr spürte. Der Schmerz erleichtert.

Vielleicht ist es eine Art Selbstbeachtung in Form von Selbstüberwindung.

Ich redete dann sehr viel mit meiner Mutter. Wir fanden den Kontakt wieder. Eine Zeitlang haderte ich mit ihr. Ich war auf alles eifersüchtig, hatte das Gefühl, ich sei zu kurz gekommen. Es liege alles an den andern. Jetzt habe ich viel mehr Verständnis für meine Mutter. Ich stellte ihr viele Fragen, und sie gab mir Antworten. Als ich auszog und nach St. Gallen ging, hatten wir ein bisschen die Verbindung verloren. Das war wahrscheinlich gut und normal. Aber es war für mich sehr hart.

Manchmal sind es blöde Kleinigkeiten, die sich zu Gefühlsungetümen auswachsen. Ich hatte immer das Gefühl, dass ich meine Mutter mit allen teilen muss, dass ich zu kurz komme. Am Schluss auch noch mit ihrem neuen Freund. Das nahm ich ihr wirklich übel. Sie wusste zum Beispiel nie, wann ich Volleyballtraining habe. Über Jahre wusste sie das nicht, obwohl ich immer ins Training ging. Und sie kam auch nie an einen Match. So kleinlich war ich. Irgendwie hatte ich das Gefühl, ich bin schon geliebt worden, aber nur zu einem Sechstel. Schön verteilt auf sechs und mehr war ihre Liebe. Ich war wütend auf sie.

Es ist aber lustig, noch jetzt, wenn ich traurig bin – dann kommt irgendwann die Vorstellung, wie ich in ihren Armen liege und warm habe und geborgen bin. Allein diese Vorstellung tröstet mich enorm. Die Vorstellung hilft mir, mich ruhiger zu fühlen. Darum weiss ich, wie gern ich sie habe. Obwohl wir uns nicht mehr so häufig sehen.

Es war für die Mutter schwer, meine Depression zu verstehen. Sie konnte einfach nicht begreifen, warum ich mich selber verletzte. Es war uh schlimm für sie. Das tut mir heute sehr leid. Einmal sah sie die Narben an den Armen. Und wurde extrem traurig. Sie verstand nicht, warum ich nicht zu ihr gegangen war mit diesem Problem. Aber das war ja genau der Punkt – in dem Moment hätte sie zu mir kommen müssen. In der Zeit hätte ich es gebraucht, dass sie kommt. Ich war ja wie gelähmt. So oft hatte ich gedacht – Warum kommt sie nicht? Warum hilft sie mir nicht? – Inzwischen haben wir viel darüber gesprochen. Ich glaube, wir haben uns beide schon lange alles verziehen.

Gerettet hat mich – die Begegnung mit meinem Mann. Mit meiner Liebe. Mit diesem einen wunderbaren Menschen, der in mir so viel löste. Er ist mein Freund. Ich wohne nicht allein hier, sondern mit ihm. Wir sind seit drei Jahren zusammen. Ziemlich schnell sind wir zusammengezogen, obwohl alle sagten, das sollte man nicht.

Kennengelernt haben wir uns – er ist wie ich. Ich traf ihn in der Klinik. Es war eigentlich verboten, man darf sich dort nicht verlieben. Man darf sich nicht berühren und auch nicht allein im gleichen Zimmer sein. Wir haben uns halt trotzdem verliebt. Seine Geschichte ist noch viel, viel wilder als meine. Er badet noch viel stärker seine Eltern aus. Und er ist der wunderbarste Mensch, den ich kenne. Am Anfang sagten alle, das geht niemals gut, zwei solche wie ihr. Ihr schadet einander nur, zieht euch gegenseitig runter. Aber es ist überhaupt nicht so.

Wir wussten von Anfang an, wie wir uns schützen können und unterstützen. Wenn es dem einen schlecht geht, schaut der andere, dass er nicht untergeht. Und umgekehrt. Wir wissen ganz genau, was zu tun ist und wie. Es ging uns nie gleichzeitig schlecht, das ist recht speziell. Es war immer wie getimed. Wir sind sehr aufeinander abgestimmt. Dieser Mann ist der einzige Mensch, der mich ganz versteht. Er weiss, was mir wehtut und was mir gut tut. Wir müssen nicht darüber reden. Er weiss es einfach. Und ich weiss es von ihm. Wir sind entschlossen, uns so lange zu helfen, bis wir aus diesen alten Geschichten heraus sind. Immer häufiger gibt es für uns grosse Lichtblicke.

Als ich ihn traf, fand ich auch die Kraft, die Klinik zu verlassen. Plötzlich packte es mich. Ich wurde richtig wütend auf mich, dass ich so lahm und trüb in diesem Heim herumsass. Und wollte nur noch raus. Ich hatte nicht das Gefühl, ich sei geheilt. Ich wusste, es war vielleicht falsch. Aber es war besser als alles andere. Also nahm ich meine Sachen und ging heim. Zu meinem Freund. In unsere Wohnung, die ich selber hergerichtet habe. – Weisst du, ich habe mich schon so oft selber ausgegraben. Es ist einfach unendlich schön, dass jetzt jemand da ist, der mir manchmal die Schaufel abnimmt und sagt – Komm, ich helf dir. –

Inzwischen habe ich die Arbeit wieder aufgenommen. Meine Träume und meine Ziele sind wieder aufgetaucht. Seit letztem Donnerstag bin ich auch wieder angestellt.

Ich hätte sehr gerne Kinder. Irgendwann. Am liebsten natürlich Zwillinge. Es gibt schon viele Zwillinge in unserer Familie. Und ganz viele Katzen möchte ich auch. Katzen sind wunderbare Begleiter. Inzwischen sind sogar meine komischen Allergien zurückgegangen.

Und manchmal träume ich (lacht) von Hawaii. Ich träume immer noch viel, oft sind es jetzt schöne Träume. In meinem Hawaiitraum ist er manchmal dabei. Wenn ich aufwache, weine ich. Nach den Hawaiiträumen weine ich immer, ich weiss nicht, warum. Ich war nach der Lehre drei Monate da. Hatte ziemlich viel Geld gespart und wollte einfach weg, irgendwohin. Ich blätterte in irgendeinem Katalog und steckte den Finger zwischen die

Seiten, und da war Hawaii. Und so flog ich nach Hawaii. Es war sehr seltsam. Ich fühle mich dort – ganz eigenartig daheim.

Es war auch in Hawaii, wo ich den schönsten Moment in meinem bisherigen Leben hatte. Er war eigentlich nichts so Besonderes. Aber ich denke oft an diesen Moment, er macht mich stark. Ich sass dort einmal am Meer, ganz allein, und alles war gut. Es war dunkel, es war warm, es war still, ich hörte die Wellen und sah unendlich viele Sterne im Himmel. Und eine Sternschnuppe.

Mona, 39

Unter dem lichten Hellgrün der Bäume am Abhang bei der Stadt steht eine neudichte Siedlung. Kirschblüten über makellos gekiesten Wegen, Bänke, auf denen niemand sitzt, Kinderkram, vergessen da und dort. Eine alte Frau geht langsam von einer Bank zur nächsten, verschwindet hinter dem Häuserrand. Vor einem Hauseingang ein Bündel Velos, ein Büschel männlicher Schuhe, Töpfe mit Vergissmeinnicht und viele Setzlinge. Dazwischen ein Stirzel von Bäumchen in einem Flecken Gras.

Schön. Komm rein. Möchtest dich zuerst umschauen? Oder zuerst ein bisschen ankommen?

Sag, stimmt das wirklich, dass du nichts vorher weisst, keine Frageliste hast? Das ist gut. Auch mutig, vielleicht wirst du jetzt zum ersten Mal ein Problem bekommen mit deiner Methode. Ich habe echt ganz wenig zu erzählen. Bin total uninteressant. Aber gut, wir schauen mal, gut.

Gäll, du nimmst dir.

Wenn ich mir vorstelle, die Zeit, die du brauchst für diese Bücher. Spannend finde ich, dass du Unspektakuläres zulässt. Und ein Buch über Frauen ist sowieso interessant, man weiss eigentlich immer noch zu wenig über sie. Wir müssen uns aber ziemlich beeilen, im Sommer überschreite ich die Frauengrenze von jung zu erledigt. Wenn wir bei den Clichés bleiben wollen.

Leider ist es kein Cliché, dass viele Frauen sich über Männer definieren. Wenig ins Eigene finden. Und natürlich ist es so, dass in der schönen Multioptionsgesellschaft Männer ihre Optionen von Anfang bis Schluss leben können, wenn sie das wollen. Das ist kein Grund für Neid, aber für Frauen ist es einfach anders. Ab einem gewissen Alter realisierst du als Frau, dass die Zeit läuft, unweigerlich. Dann kannst du die Ungerechtigkeit der Natur beklagen, oder du kannst dich dreinschicken, oder du kannst auch etwas Konstruktives daraus machen. Aber ändern kannst es nicht.

Ich glaube, viele Frauen mit guter Ausbildung und tollen Jobs merken erst spät, dass es einen Unterschied in den Gestaltungsmöglichkeiten gibt zwischen Männern und Frauen. Wir denken sehr lange – Ja woher, da ist doch gar kein Unterschied. – Wir wachsen auch so auf – Ich habe und will die gleichen Möglichkeiten, das ist mein Recht. – Aber ab fünfunddreissig, wenn man sich ein bisschen umschaut, nimmt die Enge im Hals zu bei den Frauen. Weil du weisst, es kommt ein Wechsel. Und nach diesem Wechsel ist nicht mehr alles gleich wie vorher und nicht mehr alles möglich. Für eine Frau ist nicht das ganze Leben lang alles machbar. Die Zeit ändert und nimmt Möglichkeiten mit. Männer können das weit entspannter angehen. Sie wissen, dass sie es sich auch mit fünfzig oder noch später überlegen können. Wenn sie es überhaupt überlegen.

Drum finde ich die Diskussion interessant, ob Frauen das Recht haben sollten, sich irgendwann in einer ausländischen Samenbank zu bedienen und sich etwas ganz nach Gusto massschneidern zu lassen. Damit sie zum Beispiel nach vollendeter Karriere doch noch Mutter oder nochmal Mutter werden können. Sozusagen als Sahnehäubchen auf der Reife. Ich selber habe keine Antwort darauf. Ich kam nie in die Situation, es auch nur andenken zu müssen. Aber diese Fragen interessieren mich extrem. Wäre es eine totale Selbstüberschätzung und eine Überforderung für den Einzelnen und die Gesellschaft? Oder wachsen wir in etwas Lebbares, Neues hinein?

Lustig, ich habe das Gefühl, es kommt jetzt eine Generation, der das Familiending wieder viel wichtiger ist. Bei beiden Geschlechtern. Ich glaube, es kommt – wie soll man es nennen – eine bindungsfreudigere Generation. Auch eine entscheidungsfreudigere. Das wird spannend.

Jetzt hast mich schon am roten Punkt – ich selber finde Entscheidungen ein ganz schwieriges Thema. Ich wäre ein absolut glücklicher Mensch, wenn ich ohne Entscheidungen und schön faul durchs Leben spazieren könnte. Es ist furchtbar für mich, etwas entscheiden zu müssen. Und wir sind in einer Konsumgesellschaft, in einer neoliberalen Dienstleistungsgesellschaft, in der ständig Millionen von Pseudoentscheidungen als Pseudoangebote rumstehen. Ich muss mich entscheiden in all den Joghurt-Angeboten und Schnäppchen-Aktionen. In den permanenten Überflüssigkeiten, die mich zu Entscheidungen überreden wollen und zum Konsum. Die mich unablässig bezirzen und fragen, was ich jetzt noch wollen können möchte und sollte. Was ich tun sollte, um mein Leben noch wertvoller und lebenswerter und schöner und reicher zu gestalten. Und was ich noch optimieren könnte. Um noch mehr leisten zu können, damit ich mir noch mehr leisten kann und noch schöner, glücklicher und reicher werde. Uff.

Es gibt diesen permanenten Druck zur Lebensoptimierung. Alle reden davon, strudeln darin, in einem nie abklingenden Glückszwang. Und natürlich ist das, was das Glück wäre, nie das, was man hat. Es hört nie auf. Ich muss mich nur immer weiter für etwas entscheiden, und es nochetär nur noch schnell machen. (lacht)

Ich will aber eigentlich gar nichts anderes. Ich bin faul und meistens sehr zufrieden mit dem, was ich grad habe und bin. Wie gesagt eine total langweilige Person. Weil – zufrieden.

Langweilig finde ich mich nicht deshalb, weil es mir gut geht. Ich gehöre nicht zu den Leidensverklärern, da bin ich viel zu wenig katholisch sozialisiert. Ich glaube absolut nicht, dass ein Mensch vor allem interessant ist, wenn er Leid erfahren hat. Ich glaube auch nicht, dass Schriftsteller kaputte Seelen sein müssen, um über Abgründe und Seelentiefe zu schreiben. Ich glaube, es funktioniert anders. Die einen haben ihre Stärken im Machen und die anderen im Anschauen, im Nachfragen, im Zusammenbringen von Verschiedenem. Oder ganz simpel darin, sich an dem zu freuen, was andere tun. Oft sind für mich jene Leute die Spannenden, die nicht unbedingt viel tun. Jedenfalls sind es gerade nicht die Abenteurer, die ich persönlich interessant finde.

Ich habe einfach kein Bedürfnis, diese Welt materiell zu verändern oder ihr etwas hinzuzufügen. Ich muss nichts Materialisiertes zurücklassen, dieses Verlangen hatte ich noch nie. Keinen Stein versetzen, kein Haus bauen, keinen Baum pflanzen, kein Kind zeugen, um glücklich zu sein. Eher möchte ich, wenn ich mich denn entscheiden müsste – einfach unbemerkt verschwinden. Mich verflüchtigen. Das Prinzip der totalen Vergänglichkeit, der Auflösung, das faszinierte mich schon seit meiner frühen Jugend.

Ich finde zum Beispiel den Prozess des Kaputtgehens etwas Schönes. (lacht) Ich bin jemand, der die Sachen selten flickt, weil ich es nicht nötig finde, sie zu flicken. Ich schaue lieber, wie ich die Sachen weiter verwenden kann und wie sie sich verändern. Es gibt viele Leute, die nur mit perfekten Dingen zu tun haben wollen, mit makellosen Gegenständen und auch Beziehungen. Aber ich finde die Abweichungen vom Normalen und Vorgegebenen interessant. Schönheit im Sinn von Makellosigkeit interessiert mich überhaupt nicht, sie ist so entsetzlich spannungsfrei. Der Pulli, der ein Loch hat, ist mir der liebste. Ich weiss nicht, woher das kommt. Vielleicht von den Geschichten, die das Gezeichnete mit sich bringt?

Meine Mutter würde sagen – Du bist einfach zu faul, um den Pulli zu flicken. – Das ist so meine Ostschweizer Bauernherkunft – Bist einfach ein fauler Hagel. – Und das ist sicher wohr, die Mutter hat recht. Aber ich habe zumindest die Fähigkeit, mit meiner Faulheit etwas schöner zu sehen, es also auch schöner zu machen. Ich weiss nicht, warum ich das ändern sollte.

Auch in meinem Garten ist es so, uh, ich liebe mein Wildwuchsblumenchaos. Das ist doch ein Geschenk! Ich schaue mir den Garten an und freue mich an dem, was da wieder alles passiert. Fast ganz ohne mich passiert. Ich habe einfach nicht so viel Gestaltungswillen. Ganz sicher nicht im Materiellen.

Im Beruf gestalte ich aber ständig. Wenn ich eine Geschichte erzähle in einer Sendung, ist das nichts anderes als Gestalten von Realität mittels Worten. Es ist ja nie so, dass ich die Menschen abbilde, wie sie sind. Sondern ich bilde sie ab nach dem, was mich interessiert. Ich gestalte ein Bild von ihnen in meinen Sendungen. Kein neutrales, kein objektives und schon gar kein wahres. Das ist gar nicht möglich. Ich zeige immer nur einen Ausschnitt.

Lass es uns noch etwas genauer überlegen. Natürlich ist es letztlich auch ein Gestalten, wenn man nichts tut. Die reine Anwesenheit gestaltet und verändert bereits alles. Du kannst nicht nicht kommunizieren, das sagt Watzlawick, und du kannst dich streng genommen nie aus dem Geschehen nehmen. Vielleicht ist es so – ich habe sehr gern Sachen, Momente, die ganz selber und von allein auf mich zukommen. Es gibt Leute, die halten es nicht aus, wenn nicht am Morgen schon der ganze Tag, am Montag die ganze Woche oder der ganze Monat, am liebsten das ganze Jahr durchgeplant ist. Als wäre das Leben, das ungeplant entsteht, schlechter oder gefährlich. Ich hasse das richtig. Ich mag es viel lieber, wenn ich auf Sachen reagieren kann, die einfach kommen. Ich bin sehr schlecht im Planen, weil ich nicht ständig agieren will. Ferien ein Jahr im Voraus fixieren zu müssen, das verstösst doch gegen die Menschlichkeit! Ich bin weit lieber ziellos als sogenannt zielorientiert. Das ist sie wieder, die Leistungsgesellschaft mit ihren Pseudozielen. Inzwischen wird sogar die Musse zum Ziel, das du erarbeiten und erklimmen und verdienen musst. Fitness, Yoga, Meditation, brav nach Plan. Ich will es mir leisten können, ganz viel von meiner freien Zeit zu nichts führen zu lassen. Ich will mich – ich will mich langweilen dürfen. Das musst mit Kindern ein bisschen aushalten können. – Mir isch laaangwiiiliiig! Waaas maaachemer jetzt? – Dann sage ich – Weiss auch nicht. – Es passiert doch immer etwas. Und es passiert genau das, was in diesem Moment das Richtige ist. Das Vorausgeplante passt doch meistens gar nicht richtig.

Lustprinzip, das mag ich. Ich springe auf momentane und reale Reize an, weiss nur von Moment zu Moment, worauf ich Lust habe. Ich habe mir auch nie überlegt, wie stelle ich mir mein Leben vor und dann so Ziele definiert, Station eins und Zwischenziel zwei und Endziel soundso. Nä'ä. Bei mir bewegt es sich flächig, ziemlich unstrukturiert. Ich könnte natürlich auch herausfinden, dass ich ein Defizit habe, und darunter leiden, dass ich nicht fähig bin, mein Leben aktiv zu gestalten und Lernziele zu definieren. Eine Therapie machen oder wenigstens einen Kurs. (lacht) Null Lust. Und obwohl ich sagen muss, ich lebe hirnverbrannt bauchgesteuert – ganz falsch kam es nicht heraus. Mein Leben und was es mir bescherte, gefällt mir sehr gut. Es ist mir ausgesprochen wohl.

Die reale und grosse Herausforderung jeden Tag ist, alles unter einen Hut zu bringen. Die Familie, den Beruf, die Liebe, die Welt. Ich habe drei Söhne. (lacht) Und arbeite viel. Aber wenn ich Morgenschicht habe, bin ich doch schon um elf wieder daheim. Ziemlich müde meistens, aber Müdigkeit ist kein schlechter Zustand, um mit Jungs zusammen zu sein. Nicht müde sein heisst nämlich, dass man meint, man müsse noch was leisten.

Nimmst du Kaffee? Ich habe aber nur solchen aus dem italienischen Kännchen.

Um elf komme ich also heim mit dem wohligen Gefühl, etwa zwölf Stunden Feierabend vor mir zu haben. Ich sehe das immer als Geschenk, das ich mir selber schenke. Ich muss nichts mehr tun, weil ich schon habe. Also kann ich mich problemlos mit den Buben einen Nachmittag lang aufs Bett fläzen und Hörspiele hören. Grösster Seelenfrieden, häufig schlafe ich kurz ein. Sie weniger. Obwohl ich fast immer um acht Uhr abends schlafen gehe, manchmal schon um sieben. Aber ich stehe jeden Morgen um zwei Uhr auf.

Mein Hauptberuf ist eigentlich, Geschichten zu erzählen, am Radio. Ich mache beim Schweizer Radio SRF 3 die Morgensendung. Obwohl ich wirklich alles andere als ein Morgenmensch bin. Mein zweites wichtiges Standbein sind die Reportagesendungen fürs Schweizer Fernsehen. Eigentlich mache ich vier Jobs, es gibt ständig neue Projekte, eins kommt, das andere ist schon wieder passé, alles in Bewegung. Mit Röbi Koller mache ich im Kaufleuten schon lang die Talkveranstaltungen für das Züri Littéraire, da gestalte ich auch das Programm selber. Und nebenher die Moderationen. Und Muttersein, ist das ein Job? Dann wären es fünf. Aber Muttersein ist kein Job. Eher eine Passion.

Manchmal gibt es Sonntagabende, wo ich denke – Das geht nie!mals! Jetzt veblosets mi, jetzt kommt also die Woche, wo ich einsehen muss, dass es wirklich zu viel ist. – Aber auch aus solchen Wochen kommst wieder hervor und denkst am Samstagmorgen – Erstaunlich gut gelaufen. – Ich kann gut organisieren. Aber ich mach es nicht gern, voilà.

Die Vielfalt brauche ich. Ich kann nie nur etwas machen, ich mag den Wildwuchs nicht nur im Garten, sondern auch sonst im Leben, bin eindeutig das Gegenteil von Reduktion. Ich habe gern von allem viel. Und leide dann wieder schampar darunter, bin chaotisch, kann mich nicht entscheiden, habe an viel zu vielen Dingen zu viel Freude, bin verzettelt. Und bin auch nirgends wirklich gut, ich meine im Sinn von Fachfrau, sondern habe von vielem eine Ahnung. Typisch Journalistin eigentlich.

Der Journalismus ergab sich nicht einfach so, das war ein Weg, den es zu gehen galt. Schon immer wollte ich etwas mit der Sprache anfangen, das war klar. Ich habe sehr viel gelesen. Auf dem Bauernhof, wo ich aufwuchs, waren die Bücher und das Schreiben jene Welt, die ich mit niemandem teilen musste. Sehr früh fing ich auch an, für Lokalzeitungen zu schreiben, und wurde dann Lokalkorrespondentin für die Thurgauer Zeitung und den Volksfreund. Ich glaube, ich brauchte das Lesen ganz fundamental, es ermöglichte mir die Flucht in andere Leben. Ich hatte nämlich manchmal das Gefühl, ich sei am völlig falschen Ort auf die Welt gekommen.

Vielleicht hundert Einwohner hatte das Dorf, fast alle Bauern, das ist jetzt natürlich nicht mehr so. Ich glaube, trotz diesem Gefühl hatte ich eine ideale Kindheit. Eine grosse Familie, drei Geschwister, auch die Grosseltern arbeiteten bei uns mit, alle schafften zusammen und hatten ihren Platz. Mein Bruder hat den Hof jetzt übernommen. Es war äusserlich schon ein bisschen so, wie es sich jene vorstellen, die das Bauernleben für eine Idylle halten. Dabei ist es harte Arbeit und auch sonst eher extrem in den Lebensumständen. Nicht jeder Mensch ist dafür geeignet, früher nicht und heute schon gar nicht. Auch wegen der Enge. Es wird über alles geredet, aber du kannst nicht über alles reden. Eine Umgebung, in der das Wichtige häufig nicht gesagt wird. Und ganz vieles darf nicht sein, nicht mal als Gedanke in den Köpfen.

Ich hatte als Kind im Thurgau trotzdem enorm viel Bewegungsfreiheit, zum Beispiel einen langen Schulweg. Immer zu Fuss über die Wiesen, bei jedem Wetter. – Solange ihr gesunde Beine habt, könnt ihr laufen. – Oder – Im Regen ist noch niemand ertrunken, haus jetzt. – Das war der Tonfall. Wir hatten auch sehr wenig Kontrolle. Und gleichzeitig gibt dir der Bauernbetrieb einen Rhythmus, an dem nicht zu rütteln ist. Dazwischen lagen aber viele Stunden, wo kein Knochen danach fragte, was wir machten. Wir mussten auch nicht ständig helfen, sondern hatten im Jahresrhythmus unsere Aufgaben, Böm schneiden helfen, Ästchen auflesen, Äpfel auflesen, Runggle putzen, im Sommer heuen, hinter dem Ladewagen her rechen, mit dem Traktor herumfahren, recht friedlich meistens. Gern machte ich diese Arbeiten nicht, ausser Traktorfahren. Es hiess allgemein, man kann mich nicht brauchen auf dem Hof.

Als ich später in den Landdienst ging, mahnte mich die Mutter sogar, nicht zu erwähnen, dass ich von einem Bauernhof stamme. Sie hätte sich geschämt. Ich war ungeduldig und auch ein wenig unwillig, bockig. Hatte es auch nicht so mit der Handarbeit, wie jetzt auch nicht mit Hausarbeit. Totalausfall. Viele Arbeiten in der Landwirtschaft sind wie im Haushalt recht monoton, also furchtbar langweilig, ehrlich gesagt. Das Einzige, was ich spannend fand, waren die Gespräche, die man zum Rübenputzen führen konnte. Man war in einer grossen Gruppe und erzählte sich Geschichten.

Aber ab einem gewissen Alter interessierte mich das nicht mehr. Ich hatte das Gefühl, ich will neue Geschichten haben und vor allem will ich sie erleben, nicht von anderen hören und nacherzählen. Meine Welt hatte mit anderen Wörtern zu tun, mit anderen Welten. Meine Eltern verstanden nie, worum es mir ging. Ich wusste es ja selber nicht, das führte natürlich zu Konflikten. Wahrscheinlich zog ich deshalb recht früh von zu Hause weg, ging ans Gymnasium in Frauenfeld und wohnte im Konvikt, einem Schülerheim, mit fünfzehn. Das war super für mich.

Und dann kam die Musik. Fast noch mehr als Bücher prägte mich wahrscheinlich Musik. Dass ich in meiner doch eher abgelegenen Welt überhaupt auf diese Art Musik stiess, war ein kleines Wunder. Mein grösserer Bruder bekam auf die Konfirmation eine Stereoanlage, wir kauften sie an der Olma in St. Gallen. Und dann liefen auf dieser Stereoanlage CDs mit so Sachen wie U2 oder Pink Floyd, so fing es an. Ich fand das extrem gut und trug lange Zeit immer einen schwarzen Männerhut, wie ihn The Edge, der Gitarrist von U2, auf dem Cover von Rattle and Hum trägt. So ging ich auch in die Schule. Meine Eltern fanden das jenseits. Danach kamen The Cure und Depeche Mode. Für mich war diese Musik die erste eigene Heimat. Musiker waren für mich Boten aus einer Welt, die mich viel mehr anging als das angestammte Dorf. Und diese Welt wollte ich finden.

Vielleicht ist es die wichtigste Aufgabe überhaupt, als junger Mensch herauszufinden, wo man hingehört. Zufällig wird man in ein Nest geboren, und dann macht man sich auf, ins Eigene. Für die einen ist das gar nicht weit, für die andern aber schon. Für mich war die Musik der beste Wegweiser zu dem, was ich sein könnte. Es hatte nichts mit Protest zu tun, sondern – mit Ankommen. Man will als junger Mensch ankommen, erkannt werden. Wo man erkannt wird, ist man daheim.

Vielleicht um nicht zu schnell erkannt zu werden (lacht), wurde ich ein Grufti. Trug nur noch Schwarz von zuoberst bis zuunterst, lange Mäntel. Plünderte die Bibliothek nach Gothic Novels, Mary Shelley, las alle Horrorstorys, auch Baudelaire, Edgar Allen Poe und landete schliesslich bei Kafka. Ich wusste auch jedes Detail über Grabsteine und Grabschmuck. Mit dem ersten selbst verdienten Geld kaufte ich Platten, eine hiess Das Ich, darauf war der Song Gottes Tod. Das war in Frauenfeld im Konvikt, ich war dort völlig frei und beschäftigte mich lustvoll mit düsteren Sachen. Es provozierte ein bisschen, aber eigentlich vor allem die Eltern, um die es mir gar nicht ging. Für die Eltern war ich – sagen wir es direkt – nicht normal. Es gab in ihrer Welt nicht etwas, das man halt so macht, und daneben anderes, das auch interessant ist. Es war eindeutig nicht normal, basta. Und gab im Dorf zu reden.

Ich weiss nicht mal, ob sie sich Sorgen machten, ich glaube nicht. Die Eltern hatten klare Haltungen, was uns Leitlinien gab, und gleichzeitig hatten sie bei Abweichungen ein unerschütterliches Vertrauen in uns – Da chunnt denn scho guet. – Obwohl es Phasen gab, wo sie allen Grund gehabt hätten zu zweifeln, ob das wirklich gut kommt. Ich bin sicher, ihr Vertrauen in mich bewirkte, dass ich mir im Grund auch vertraue. Nicht von Anfang an, aber irgendwann taucht der Satz auf – Da chunnt denn scho wieder. – Auf diese Art traut man sich auch, anders zu sein. Und dem eigenen Weg zu trauen.

Jung sein braucht nämlich vor allem etwas – Mut. Jung sein ist total anstrengend und tut extrem weh. Die schlimmsten Verwundungen trägst doch in dieser Lebensphase davon. Man ist später nie mehr so berührbar und verletzlich. Du musst die ganze Welt entdecken und kapieren und das Chaos auf die Reihe kriegen. Oder wenigstens Übersicht gewinnen, es aushalten und keine

Angst haben. Erst mit der Zeit weiss man – Da chunnt denn scho guet –, man überlebt. Schön finde ich – man braucht nicht aktiven Mut, sondern vor allem eine totale Lebensbereitschaft in allem. Naivität oder Unbeschwertheit oder Hirnverbranntheit braucht man, wie man will. Schlicht grossartig.

Schon dass ich ins Gymnasium ging, war eigentlich nicht normal. Höhere Bildung war nicht vorgesehen. Aber versteh mich richtig, ich finde unser System mit der Berufslehre genial. Jedenfalls gab es den alten Primarlehrer in der Gesamtschule, und der kam eines Tages zu uns nach Hause und sagte – Da Meitli da. Da münder jetzt eifach wüsse. Da münder öppis mache. – Ich war sehr gut in der Schule, sochli total ohne Mühe überall. Meine Eltern waren nicht etwa stolz auf mich, schon gar nicht, als der Lehrer kam. Ich glaube, sie erschraken. Die Mutter fand – Gymi? Da bruchsch doch nöd als Frau. Mach doch das KV, das ist etwas Richtiges. Mit dem findest immer Arbeit. – Dass ich mich selber ernähren können musste, war nie eine Frage, darüber wurde nicht mal geredet. Wer gesund ist, kann arbeiten. Ich kam sehr früh und völlig selbstverständlich für mich selber auf. So unrecht hatte die Mutter nicht mit dem KV. Jedenfalls machte ich das Wirtschaftsgymnasium und ging an die HSG, die Wirtschaftshochschule in St. Gallen.

Mein Vater hatte, ich würde sagen, ein gebrochenes Verhältnis zur Bildung. Er hatte eine hundselende Schulzeit, wurde als Landbub schikaniert – Du bist der Allerdümmste. – Dabei ist mein Vater hochintelligent. Ich glaube, er fand – Ich habe selber nie viel Wahl gehabt. Leb du dein Leben. – Er musste den Bauernhof von seinem Vater übernehmen. Das war nicht ganz freiwillig. Also unterstützte er das mit dem Gymi.

Nach der Teenie-Zeit, wo wirklich die Fetzen flogen, hatte ich es sehr schnell wieder gut mit meinen Eltern. Ich glaube, das hatte auch damit zu tun, dass ich mein eigenes Geld verdiente. Ich konnte ihnen gegenübertreten mit etwas, das ich mir selber geschaffen hatte. Das gab mir Selbstsicherheit. Und sie respektierten mich, auch wenn sie mich nicht verstanden. Sie redeten mir nicht drein. Ich sehe heute glasklar, was meine Eltern leisteten. Einen solchen Hof zu haben, eine so grosse und recht wilde Familie, und dabei so locker zu bleiben – ich bin ihnen unendlich dankbar.

Meine Mutter hatte immer so eine rätselhafte Zufriedenheit. Sie ist an nichts Materielles geknüpft, sondern eher an den Umstand, dass sie jetzt gerade schön Zeit hat, in einem Liegestuhl an der Sonne ein Heftli zu lesen. Oder die Zufriedenheit, die darin besteht, dass im Garten wieder etwas gemacht ist. Und dass es so stimmt, wie es ist. Eine grosse Vorstellung davon, was das Leben sonst soll und bringen soll, hatte sie irgendwie nicht. Sie brauchte das nicht, glaube ich. Es genügte ihr, was das Leben ihr hier und jetzt bescherte.

Mein Grossvater stammt aus dem Rintel, er kam als Knecht in den Thurgau. Und hatte einen Lebenstraum, nämlich einen eigenen Hof zu kaufen. Diesen Traum verwirklichte er sich mit gigantischer Arbeit und Sparsamkeit. Er wurde ein Thurgauer Apfelbauer. Dann fand er im Nachbarsdorf meine Oma und sagte – Mina, ich kann diesen Hof übernehmen. Willst meine Frau werden? – Und sie sagte – Umgekehrt in der Reihenfolge wäre besser gewesen. – Und liess ihn noch etwas schmoren – Ich komme also nicht, nur weil du eine Bäuerin brauchst. –

Der Grossmutter bin ich glaub nicht unähnlich. Willst sie sehen, ich habe ein schönes Bild von ihr. Die blauen Augen sind von ihr und auch diese, sagen wir mal, markanten Zähne. Mit zwanzig liess sie sich dann doch überzeugen und heiratete den Grossvater, sie hatten den Hof und vier Kinder. Ich glaube, sie war nicht unglücklich. Für Oma Mineli waren die blühenden und duftenden Apfelbäume auf dem Seerücken etwas vom Schönsten im Leben.

Für meinen Grossvater war klar, wenn du drei Söhne hast, dann übernimmt einer die Landwirtschaft. Es war sein Lebenswerk. Für meinen Vater gab es diese Verpflichtung dem Lebenswerk der Eltern gegenüber. Ob er das so empfand, weiss ich nicht mal sicher. Aber ich glaube, er hätte sich ein anderes Leben ebenso gut vorstellen können. Trotzdem hatte ich nie das Gefühl, einen unzufriedenen oder frustrierten Vater zu haben. Er sagte aber immer wieder zu uns – Du musst nicht. – Ich überlege gerade – vielleicht sind deshalb das Haus und der Hof noch da und so lebendig. Nicht idyllisch, aber sehr vital. Weil zwangsfrei. Und das gibt mir Geborgenheit. Obwohl ich immer das Gefühl hatte, ich passe nicht dorthin.

Die Grosseltern blieben ein Leben lang zusammen, auch die Eltern. Das wird für die Generation meiner Kinder wahrscheinlich anders werden. Obwohl – mein Mann und ich kommen beide aus grossen Familien mit ganz vielen Kindern, und alle Paare sind immer noch zusammen. Und wir haben das eigentlich auch vor. Uh ja, unbedingt. (lacht) Wir sind seit acht Jahren zusammen.

Meinen Mann habe ich nicht früh kennengelernt. Nä'ä, spät. Wahrscheinlich zum Glück nicht, die Sturm-und-Drang-Phase war schon eine Weile vorbei. Er war ja nicht meine erste Liebe. Ohne es präzisieren zu wollen – ich glaube, ich hatte sochli bereits hinter mir, was ich ausprobieren wollte, als ich ihn kennenlernte. Ausprobieren ist super. Und es tut saumässig weh, ja hoffentlich. Steckst ein und teilst aus, schlägst Wunden und verbindest. Erlebst Wunder.

Ich fand mich selber nie schön. Ich bin auch nicht schön. Ich war ganz objektiv immer sehr klein und von der Figur her alles andere als mein Schönheitsideal. Phuuu, mit dem ausladenden Hinterteil. Praktischerweise war ich ein Grufti, und darum wusste ich, ich will gar nicht gefallen. Ich will gefallen, indem ich nicht gefalle, ich will keine Schönheitsvorgaben erfüllen. Das war ein Vorteil, weil ich den krassen Schönheitsstress nie hatte, den heute so viele Frauen und inzwischen ja auch Männer haben. Für mich galten von Anfang an andere Codes. Lustigerweise hatte ich aber auch nie das Gefühl, ich sei unattraktiv. Ich bin bis heute überzeugt, dass Schönheit und Anziehungskraft absolut nichts miteinander zu tun haben.

Eigentlich war ich immer – du wirst es nicht glauben, aber ich bin innen eher ziemlich schüchtern. Vor allem, was die Liebe anbelangt. Ich bin überhaupt keine Draufgängerin. Man lernt jemanden kennen und hat es vielleicht unverhofft lustig und gut zusammen. Wenn überhaupt, dann fängt es bei mir so an, dass man sich nahekommt, weil man zusammen lacht und die gleichen Sachen lustig findet. Alles andere kommt sehr viel später. Und wenn ich merke, mit dem kannst du lachen, dann tue ich auf, und es ergibt sich vielleicht etwas. Es konnte durchaus sein, dass ich aktiv wurde. Ich bin nicht unbedingt die, die endlos wartet. Also schon nicht die, die dasitzt und leidet, bis sie gepflückt wird. Man gibt vielleicht ein bisschen Zeichen und Signale, die weiterhelfen.

Ich weiss eigentlich gar nicht mehr, wie das amel war. Ein bisschen schwer vorstellbar inzwischen. Ich lief ja in den langen schwarzen Mänteln rum, schwarz bis auf die Unterwäsche, nur die Nägel nicht, die habe ich abgekafelt. Die Frisur war auf der einen Seite abrasiert und der Rest vorne übers Gesicht runter und verstrubelt. Die Cure-Frisur. Später kam die bunte Phase, Meerjungfrauenhaar in allen Blautönen. Und während dem Studium an der Wirtschaftshochschule wurden sie rot.

Es gefiel mir dort durchaus. Klar, etwas Musisches wäre beruflich auf der Hand gelegen. Vielleicht eben zu sehr, und darum genau nicht. Schriftstellerin kam nicht infrage, es hätte mir zwar als Lebensentwurf sehr gefallen. Ich dachte aber nicht mal darüber nach. Wie soll man davon leben?! Ich wollte etwas studieren, mit dem man Geld verdient. Ich kam aus einer Welt, wo man sich vorstellen können muss, womit man sich ernährt.

Und dann wurde es halt Radio. In der Nacht arbeitete ich fürs Radio, tagsüber war ich im Studium in St. Gallen. Aber irgendwann liess ich das Studium sausen und machte nur noch Radiosendungen. Es kamen Zufälle und Angebote. Radio wurde einfach meine ganz grosse Leidenschaft. Es ist für mich immer noch das Betörendste, was es gibt. In der Morgensendung, die ich mache, geht es vor allem darum, den Moment zu erfassen. Einem Moment mit Worten Bilder geben. Ich will Stimmungen einfangen, in denen sich die Leute wiederfinden können. Es sind – dann alle in diesem gemeinsamen Moment. Das ist einfach eine aufregende Vorstellung. Das liebe ich so am Radio, dieses – Wir. Miteinander. Jetzt. Es ist eine Minute vor acht, und zwar ist bei allen eine Minute vor acht. Eine solche Nähe entsteht nur über das Gehör, das hat für mich eine absolute Magie. Hören ist einfach schneller bei der Seele als Sehen, glaube ich. Radio wird ja oft etwas abschätzig als Begleitmedium tituliert. Dabei ist es das Gegenteil von beliebig, genau weil es begleitet. Wir begleiten die Leute in ihrem Leben, ihrem Alltag, einfach dort, wo sie gerade kreuchen und fleuchen. Das ist ungeheuer intim.

Der Morgen ist sowieso etwas Besonderes. Am Morgen ist man noch so nah bei sich, oft auch allein und nicht im Geschäftsmodus, in dem man eine Maske überzieht. Man ist berührbarer, glaube ich, und man erträgt auch weniger. Ich bin wie gesagt überhaupt kein Morgenmensch. Wenn ich in einem Holzhäuschen an einem Waldrand leben würde, sähe man die Frau Vetsch nie früh vor der Tür. Aber jetzt stehe ich eben fast immer vor dem Morgengrauen auf. Und das gefällt mir sehr gut so. Das Leben trägt immer wieder Dinge an mich heran, die ich selber niemals ausgewählt hätte und die meinem Naturell gar nicht entsprechen. Der Zufall weiss es oft besser als ich. Der Morgen zum Beispiel ist definitiv die schönste Zeit des Tages für mich. Und das hätte ich mein ganzes Leben lang verpasst, wenn ich selber entschieden hätte. Man kennt die eigene Welt erst, wenn man sie in der Nacht ein paarmal durchquert und in den frühesten Morgenstunden erlebt hat. Auch sich selber lernt man neu kennen. In den frühen Morgenstunden ist man nackt.

Radio machen ist vor allem Handwerk. Das kannst du lernen. Aber wie du rüberkommst oder ob du eine Verbindung zu den Hörern herstellen kannst, das ist eine andere Geschichte. Es hat etwas Rätselhaftes, einen Kontakt herzustellen zu etwas Imaginärem, das aber eindeutig da ist. Dein Gegenüber muss ganz real existieren für dich, so, als würdest du es kennen, sonst geht nichts. Vielleicht ist es – eine grundsätzliche Verbundenheit mit den Menschen, ich weiss es nicht. Manchmal treffe ich Leute, die kenne ich überhaupt nicht, aber sie sind mir vertraut und nah – ich habe sie sogar naiv, grundlos und unwiderlegbar richtig gern. (lacht) Und es gibt auch das Gegenteil.

Das Präsentsein kostet viel. Wenn man als Person in der Öffentlichkeit vorkommt, kostet das enorm viel Energie. Nach vier Stunden Morgenradio bin ich geschafft. Es ist ein Tanz auf einem Hochseil, ungeheure Konzentration. Du musst die Leute extrem spüren, Stimmungen aufnehmen und sofort etwas daraus machen. Das ist etwas vom Anstrengendsten überhaupt. Vielleicht darum habe ich in der Freizeit oft kein Bedürfnis, Menschen zu sehen. Ich bin sehr gern allein.

Vieles in meinem Leben ist ein Kraftakt. Vor dem Moderieren auf der Bühne sterbe ich zum Beispiel jedes Mal vor Lampenfieber. Ganz extrem. (lacht) Ich studiere immer innerlich Stellenbeschriebe und überlege mir, womit ich sonst meine Brötchen verdienen könnte. Dann gehe ich auf die Bühne – und überlebe erstaunlicherweise jedes Mal. Das ist dann eine solche Erleichterung, das hat Suchtpotenzial. Ich hasse ja das Leiden, aber das Gefühl, wenn man überlebt hat, ist grossartig. Und es ist nie langweilig. Mein Leben ist eigentlich eine Abfolge von gemeisterten Grenzsituationen. Dafür brauche ich kein Riverrafting.

Für Bewegung sorgen auch meine drei Söhne. Zwei sind selbstgemacht, der Älteste lebt zur Hälfte bei uns, gehört aber ebenso dazu. Wir haben also die Energien von Acht-, Sechs- und Vierjährigen in der Hütte, das siehst ja hier auch rundherum. Schon heftig, aber sehr schön. Ich bin überhaupt nicht unglücklich, dass es Buben sind, ich kann es gut mit Buben. So muss ich kein weibliches Vorbild sein, das finde ich ziemlich entlastend. Der Satz – Ich will nie so werden wie meine Mutter – hat ja immer eine gewisse Berechtigung. Aber was macht man dann als Mutter? Auch die Körperlichkeit mit den Buben finde ich super, Rennen, Ringen, Rugelen. Ich bin ja überhaupt nicht sportlich, aber gern en Ruech, ich balge mit ihnen, spiele Fussball, obwohl ich es nicht kann.

Mehr Kinder müssen aber nicht sein. Gar nicht, jechters! Eigentlich wollte ich doch überhaupt nie Kinder. Oder je nach Phase keine oder fünf. Der Kinderwunsch war nie zuvorderst. Ich hatte nicht die Vorstellung, ich möchte mein Leben in der Wir-Form verbringen. Bestenfalls als Ich, wenn ich dann herausgefunden habe, was das ist. Aaaber dann – der richtige Mann. (lacht) Mit dem richtigen Mann ändert sich alles radikal. Und dieses riesen Glück habe ich. Wirklich, obwohl mich schöne Männer nie interessierten, habe ich jetzt den schönsten und den besten Mann, den es gibt. Er war der Richtige, obwohl so verdächtig schön. Aber wir mussten schon ein wenig umeinander kämpfen.

Plötzlich war zwischen uns einfach alles klar und unabänderlich. Obwohl eigentlich ungewollt und unmöglich. Superschwierig, superschmerzhaft, superdramatisch war es, heavy.

Mein Mann übernimmt viel, trotzdem wünsche ich mir oft, mehr Zeit zu haben. Und dann bin ich drei Tage am Stück zu Hause – und drehe fast durch. Das ist die Krux, ich kann nicht mit und ich kann nicht ohne viel Arbeit sein. Dass als Moderatorin alles an meiner Person hängt und ich nicht delegieren kann, ist manchmal belastend. Aber schau, es ist auch genau die Herausforderung, die ich will und brauche. Ohne das wäre ich nie zufrieden. Ich brauchte einige Zeit, um das zu kapieren. Es geht nicht darum, viel zu krampfen, um zufrieden zu sein. Ich könnte auch bestens ganz wenig schaffen und schäme mich nicht dafür. Aber ich brauche in regelmässigen Dosen Anforderungen, die mich zwingen, Sachen zu machen, vor denen ich eigentlich Schiss habe. Erst wenn ich sie überwinde, spüre ich mich richtig und lerne mich schätzen. Da drin liegt wahrscheinlich für mich die Zufriedenheit.

Ich brauche die Welt ringsum, die mich mit einem gewissen Druck wachhält. Vielleicht sage ich darum, ich bin ein langweiliger Mensch. Weil ich mich aus mir selber heraus nicht lange mit mir beschäftigen mag. Es geht mir schnell der Pfuus aus oder er kommt gar nicht auf. Ich brauche Inputs, sonst fängt es an zu trüllen und drehen. Aber zusammen mit anderen laufe ich zu Hochform auf. Zusammen mit anderen erreiche ich fast alles.

Dabei ist das absolute Alleinsein ein alter Traum von mir. Ich machte zum Beispiel einen Selbstversuch, ich ging für ein paar Wochen nach Paris, allein. Das war meine beste Zeit, aber auch die härteste. Eine riesige anonyme Stadt, völlig allein, ich wollte keine Kontakte. Und dann entstand dieses unglaubliche Gefühl – es gab mich gar nicht mehr. Ich löste mich auf. Eine grossartige Erfahrung, ich verschwand im lebendigen Gewebe dieser Stadt, wurde mit ihr eins. Es ist schwer zu beschreiben. Unheimlich schön.

Natürlich fragte ich mich, warum ist mir in diesem Zustand so extrem wohl? Um was geht es für mich im Leben? Zu verschwinden? Sind die perfekten Orte für mich die, wo es mich als Individuum nicht gibt? Jene Orte, die mich noch nicht gezeichnet haben und die ich noch nicht beschrieben habe? Aufzugehen in einem Ganzen und Grossen, darin lebendig zu verschwinden? Ich glaube, es hat etwas davon, dass man sich verliert und gleichzeitig unendlich aufgehoben ist.

Das war aber natürlich, bevor die Kinder kamen. Die simpelste und wahrste Erkenntnis ist – jetzt habe ich Kinder und keine Zeit mehr, solchen Gugus zu überlegen. Keine Energie mehr für neurotische Selbstfindung. Kinder verändern dich überhaupt nicht. Aber sie verändern deine Prioritäten für eine Weile radikal. In einem Familienverbund als Mutter zu wirken, ist durch nichts zu ersetzen. Es ist der krasseste und schönste Selbstversuch. Du lernst dich und die Welt so gnadenlos kennen wie sonst mit nichts. Und auch hier habe ich festgestellt, dass so viel mehr möglich ist, als ich für möglich gehalten hätte.

Ich hatte zum Beispiel immer das Gefühl, ich sei ein komplizierter Mensch, anspruchsvoll, schwer zufriedenzustellen. Aber das stimmt überhaupt nicht. Ich brauche ganz wenig für mein Glück, bin ein rechter Simpel. Mit Kindern liegt der Fokus zauberhafterweise nicht mehr auf einem selber, und das ist sehr entspannend. Man hat keine Zeit, sich mit sich zu beschäftigen, man verausgabt sich in etwas hinein, das man liebt und kurios findet.

Man will, dass es lebt, gesund ist, keinen Hunger und saubere Windeln hat und keine Angst. That's it, und schon ist der Tag vorbei.

Eine Geburt ist wild. Etwas absolut Wildes und Archaisches, immer noch. Ich habe den grössten Respekt vor den Hebammen, die mittendrin stehen wie feine und weiche und weise Felsen in der Brandung. Solche Extreme wie eine Geburt werden in unserem Leben sonst überall entschärft, verboten, domestiziert oder an kontrollierte Orte vermauert. Wir leben wohldosiert, abgepackt, hygienisch mit Verfalldatum. Als Pseudoersatz klebt dann überall grösstmöglicher Komfort an uns. Ein Leben für Gelähmte, unsere Convenience-Existenz. Das ist doch einfach langweilig. Eine Geburt ist das radikale Gegenteil. Viel stärker als bei einer Geburt kann man das Leben nicht erfahren, ganz banal. Der Anfang und das Ende von etwas. Total nah beieinander. Und noch gar nie in meinem Leben habe ich so lustvoll Spaghetti gegessen wie nach der Geburt.

Mit dem Tod machte ich selber noch keine Erfahrung, bin noch nie gestorben. (lacht) Aber meine Oma und mein Opa, sie waren mir sehr nah. Ich bin ja mit ihnen aufgewachsen, sie lebten mit uns in der Familiengemeinschaft. Bei der Oma machten sie einen Kunstfehler im Spital. – Und dann starb sie, schrecklich überraschend. Zum Glück nicht allzu schnell, wir hatten noch Zeit, bei ihr zu sein und sie zu streicheln. Weisst du, es ist komisch, dass wir meinen, es gebe bessere oder schlechtere Gründe zu sterben. Das ist ein fundamentaler Irrtum. Ist es nicht immer ein Fehler, der zum Tod führt?

Das Letzte, worüber ich mit Oma Mina sprach, waren die Schwalben vor ihrem Fenster. Wir redeten über die Vögel, die ihr Fensterbrett verschissen, und das erinnerte sie an die Schwalben im Kuhstall, und an den Grossvater. Weil die Schwalben dem

Grossvater beim Misten auf den Kopf schissen. Sie erzählte das noch, und dann ging ich. Und kurz danach starb sie. – Ach. Ich machte mir Gedanken, ob ich nicht etwas Gehaltvolleres mit ihr hätte reden sollen, so am Schluss. Aber jetzt ist es schön, von den Schwalben immer einen Gruss zu bekommen von Oma Mina.

Manchmal gehe ich hier im Quartier in die Kirche. Ich kenne zwar niemanden, aber ich gehe gern. Die Leute aus meinem Umfeld gehen alle nicht in die Kirche. Ich besuche eine Kirche nicht, weil ich besonders gläubig bin oder weil ich die Institution besonders toll finde. Ich erwarte nicht, dass sie perfekt auf mich abgestimmt ist. Eben gerade nicht, es muss nicht alles exakt auf mich zugeschnitten sein. In einem Kirchenraum bin ich allein mit meinen Wundern und Unzulänglichkeiten. Das finde ich sehr schön. Und die Kirche ist für mich ein ganz feiner Berührungspunkt. Ich will hier sein, allein vielleicht, aber als Teil von etwas.

Klar spricht mich ab und zu jemand an, aber das macht nichts. Ich freue mich darüber. Wo findet das sonst noch statt? Wir wohnen in der Stadt alle ganz nah beieinander und haben kaum artfremde Berührungspunkte. Es stört mich manchmal, dass man hier selten das Gefühl hat, zu etwas dazuzugehören. Ausser zu sich selber und zur präzisen Nische, in der die mir ähnliche Gruppe hockt. Total überraschungsfrei. Ich setze mich gerne Unvertrautem aus und auch Peinlichkeiten, aber dafür komme ich in Kontakt. Vielleicht habe ich das von der Mutter. Sie war immer offensiv kontaktfroh, sie redete mit allen, ob sie jemanden kannte oder nicht. Einfach als Mensch unter Menschen.

Ich glaube, ein elementarer Aufsteller am Tag ist, wenn man mit jemandem in Kontakt kommt. Wenn man spürt – man wurde wahrgenommen, wohlmeinend bemerkt. Du tauschst etwas aus, vielleicht blöde Floskeln – Isch da no frei? – Ja bitte. – Ah, danke vielmal. – Und es kommt ein Lächeln dazu. Da geht es dir doch schon ein Mü besser. Eigentlich wäre es doch recht einfach zu finden, das Glück.

(holt Kartoffeln, halbiert sie schnell, legt sie auf ein Blech)
Man redet doch miteinander, weil man schliesslich auf dem gleichen Flecken Erde zusammenlebt. Das ist eine starke und absolut selbstverständliche Bezogenheit. Und ist doch schön. Wir spüren es viel zu selten.

Leider sind diese Kartoffeln nicht die eigenen, ich hätte natürlich gern mit den eigenen angegeben. Letztes Jahr haben wir nämlich selbst gesäte Kartoffeln gegessen. Den Garten mache ich mit den Kindern. Sie bringen Regenwürmer heim und sammeln fast kriegerisch Schnecken. Und sie verstehen inzwischen recht gut, dass es eine Rolle spielt, was wir tun und nicht tun. Zum Beispiel der Storzen vor der Haustür. Der Kleinste verkündete eines Tages, er wolle genau da einen Apfelbaum setzen. Und wir pflanzten dieses blutte Stäckli. Der Kleine setzte sich immer wieder davor und schaute ihm nur zu. Und siehe da – jetzt hat es an drei Zweiglein schon so viele Blüten!

Marina, 21

Flugzeuge wummern schwarz heran und haarscharf vorbei. In den Restwiesen Wahlplakate, sie lügen und grinsen. Die Hochstammbäume sind verschwunden, im neuen Vorort wachsen Türme. Um die Einfamilienhäuser laufen Hecken, sie sind blickdicht und fett grün. Am Eingang ist nichts Besonderes, dann kommt eine Küchenbar in kaltweissem Licht. Die Sonne flüchtet zum Schatten, sie kringelt noch vor der Liegelandschaft, an der eine Gitarre lehnt. Darüber hängen Viecher an Fäden, sie sind ein bisschen schräg und tanzen im Wind.

Das Balance-Ding haben Lorenz und ich gebastelt. Richtig lustig war das, wir haben viel gelacht. Das Warten war nämlich fast nicht mehr zum Aushalten, wir mussten einfach etwas tun, uns ablenken. – Es war imfall gar nicht so leicht, alles an den Fäden so zu verteilen, dass es überall gleich schwer ist. Immer bekam es Schlagseite, und sobald man etwas korrigierte, lampte es auf der anderen Seite runter. Wenn der eine dran rüttelt, muss der andere das Ganze halten, aber dazu müsste man zehn Hände haben. Mit der Zeit haben wir es aber hingekriegt. Jetzt schaut der Kleine das Mobile immer so gern an. (M gigelet)

Lorenz wollte unbedingt, dass er wie die Urgrossmutter heisst. M, aber in männlich. Ich fand den Namen auch cool, nur drei Buchstaben. – Lorenz hat seine beiden Grosseltern extrem gern, sie sind ganz wichtige Leute in seinem Leben, glaube ich. Seine

Grossmutter ist der wärmste Mensch, den ich kenne, und immer für alle da. Ich mag den Clan von Lorenz, in dem auch die Jungen so gut zueinander schauen. Und in der Mitte die kleine dicke M, immer so läbig und lachend und strahlend und schimpfend, und mit den Fäden in den Händen. Und der Grossvater daneben, mit dem Parkinson, still und irgendwie würdevoll. Ich sitze mega gern in ihrer Küche. Das letzte Mal waren sie grad dabei, die berühmten Schokokugeln Mirza zu backen, für die Familienweihnacht. Die kleine M fand, das sei jetzt aber vor allem ein Schlachtfeld, was der Grossvater da veranstalte. Die beiden hatten es trotzdem lustig, obwohl sie pfutterte. Er lächelte.

Dass Lorenz der Mann fürs Leben wäre, dachte ich überhaupt nicht sofort. Überhaupt dachte ich nicht an einen Mann fürs Leben. Ich hatte ganz andere Pläne, ich wollte doch studieren und war in dieser Schule, um die Matura zu machen. – Etwas ist aber schon komisch. Ich muss dir ehrlich sagen – ich dachte sofort, als ich ihn hereinkommen sah, dass das ein guter Mann ist. Wirklich. Das ging mir sofort durch den Kopf. Dass die Frau, die ihn einmal bekommt – (lacht) dass diese Frau also Glück hat. Schon klar, er präsentierte sich im Klassenzimmer natürlich von der super Seite. Das kann er gut, er ist sehr charmant, wenn er will. Und er bringt die Leute problemlos zum Lachen. Wir trafen uns dort in der Klasse, wir wollten beide die Matura machen und dann studieren.

Studiert haben wir dann halt nicht so viel. Wir sind noch nicht lange zusammen. Nicht mal ein ganzes Jahr. Und jetzt ist es – fürs Leben. Gäll, Schätzeli. So schön. (M blöterlet)

Lorenz fand es nicht schlimm, überhaupt nicht. Als da dieser Strich im Positiven hervorkam, im Plus. Ich glaube, er ist nämlich ganz zuinnerst ein Familienmensch. Auch wenn er meistens cool tut. Und ich glaube, er ist jemand, der gern mutig ist. Das war für mich ein Glück. – Alle sagen uns nämlich, dass wir seeehr mutig seien. So mit diesem Ton. – Ich selber merke das nicht. Ich glaube, wir machten einfach, was wir richtig fanden. (M quietscht) Lustig, als hätte er es verstanden. Ich wollte schon irgendwann Kinder, und ich glaube, Lorenz vielleicht schon auch. Aber wir dachten doch keine Sekunde – jetzt. Anscheinend gehen Wünsche manchmal in Erfüllung, bevor man dazu kommt, sie zu wünschen.

Die Hebamme muss jetzt schon eine Weile nicht mehr zu uns kommen, ich kann das allein. Und der kleine M ist so ein freundlicher Mensch. Er lacht fast immer und knüpft mit allen sofort Kontakt. Ich finde es uh schön, wenn er lacht. (M lacht) Du Schnügeli. – Danke übrigens für die Wähe – könntest sie mir bitte kleinschneiden? Ich habe zu kurze Arme. Mit ihm im Tuch geht alles super, nur essen ist mühsam, es fällt ihm immer auf die Glatze. Jö, so gemein. (M gähnt)

Wir wohnen hier in einer WG. Nicht mehr lang. Während der Schwangerschaft war es für mich perfekt, weil ich teilweise sehr schlechte Laune hatte. Da hockt man als Paar besser nicht so eng aufeinander. Lorenz hätte sonst meine Stimmungen voll abbekommen. – Ehrlich gesagt hatte ich mir das WG-Leben aber etwas anders vorgestellt. Mehr als echtes Zusammenleben. Leider haben wir fast nichts miteinander zu tun, ausser dass wir uns die teure Miete teilen. Jetzt freue ich mich mega auf die schöne Wohnung im Stadtzentrum. Dort bin ich auch nicht den ganzen Tag allein wie hier. Leben tut hier ja niemand wirklich. – Wir hatten riesen Glück, nach einer einzigen Bewerbung bekamen wir diese super Wohnung direkt beim Bahnhof. Sie gehört der Stadt. Günstig, ruhig, Balkon, und in der Nähe von den Pärken und dem Fluss. Sie wollten eine junge Familie.

Du herzigs Chäferli. Bist unser Glückbringer. (M blinzelt)

Ich bin nicht in der Stadt aufgewachsen, aber auch nicht auf dem Land. Dazwischen irgendwie, Völkershausen. Es hat dort immer noch die verschiedensten Leute, sie kommen von überall. Meistens wahrscheinlich nicht ganz freiwillig. Mein Vater stammt ursprünglich aus Österreich, er kam als Kind in die Schweiz. Und meine Mutter ist aus Deutschland. Das ist noch speziell bei meiner Mutter, sie wuchs eigentlich bei ihrer Grossmutter auf. – Der Vater meiner Mutter hatte – so ein Problem, also mein Grossvater – es war – sehr schwierig. So, dass ihn die Frau verliess, also meine Grossmutter verliess ihn. Sie musste weggehen vom Mann mit dem grossen Problem, und halt auch von ihren Kindern. Mit den Kindern hätte die Grossmutter sicher nicht gehen können, in der Zeit. Wo hätten sie gelebt? Und von was? Die Frauen waren ja ganz abhängig vom Mann. Vier Kinder waren es. Vier Kinder, und der Vater hat ein Problem, und die Mutter ist nicht mehr da. Sicher uh uh schwierig für mein Mami.

Ihr Vater ging dann in die Schweiz zum Arbeiten, mein Grossvater. Also kümmerte sich meine Urgrossmutter um die Kinder, die Grossmutter meiner Mutter, chunsch no drus? Diese Grossmutter hatte die Kinder sehr gern, sie waren bei ihr daheim. Dabei hatte sie sicher schon so viel zu tun, mit dem Bauernhof. – Das mit den Grosseltern ist vielleicht ein bisschen wie bei Lorenz. Fast ein bisschen lebensrettend waren sie. Immer tönt die Mutter so glücklich, wenn sie von der Grossmutter erzählt. Und von den Maisfeldern, in denen sie als Kinder spielten.

Dann geschah wieder etwas Schlimmes, die Grossmutter wurde schwer krank. Extrem schlimm. Drei Jahre kämpfte sie mit dem Krebs. Und starb dann leider, noch ziemlich jung. – Darum wurde mein Mami nachher in die Schweiz geschickt, in die Nähe von ihrem Vater, meinem Grossvater. Er arbeitete hier auf dem Bau. – Einfach go schaffe und go läbe sollte mein Mami in der

Schweiz, und lernen selbständig sein. Und wo hätte sie sonst hinsollen? Also fing sie bei einer Familie als Kindermädchen an und wohnte zur Untermiete bei einer Frau, mit fünfzehn. Ungefähr 1980 war das. – Ich finde, meine Mutter ist sehr stark. Sie lernte alles irgendwie allein. Sie bringt alles immer auf die Reihe. Das bewundere ich so an meinem Mami.

Sie sagt zwar immer, sie sei ein Sensibelchen, ein Brüelilätsch (lacht) wie ich. Die Tränen kommen recht schnell bei uns. Ich weine leider wegen allem, auch wenn ich richtig wütend bin, das ist gemein. Und auch, wenn ich mega glücklich bin. Gäll, du Herzige. (M schnüferlet)

Zuerst vertrug meine Mutter ihren Vater nicht so gut, als jung. Ich glaube, es war manchmal – nicht so lustig. Aber weisch, er hat in seinem Leben voll den Wandel gemacht. Ihr Vater hat sich extrem verändert, und er wurde unser mega lieber Grossvater. – Ist das nicht das Wichtigste? Er bekam nämlich sein Problem in den Griff. Ich weiss nicht, was ihm dabei half, muss ihn mal fragen. Früher rauchte er auch zwei Päckli und fand, Salat sei etwas für Kühe. Aber jetzt ist er mit allem abstinent und isst nur gesunde Sachen. Richtig superfit ist er, mit seinen siebzig oder achtzig. Und eben auch ein mega kümmervoller Urgrossvater. Wir haben ihn uh gern.

Die Mutter lernte Verkäuferin. Irgendwie Lebensmittel, ich weiss es nicht genau. Als sie fertig war mit der Lehre, arbeitete sie weiter dort. Und dann lernte sie irgendwann meinen Vater kennen. – Bei ihnen ging es aber ein rechtes Zeitchen, bis sie sich näherkamen.

So süss ist er einfach. Wenn ich ihn jetzt so von vorn sehe bei dir auf dem Schoss. So zufrieden. Wenn er schläft sowieso. Willst nichts essen? Dann kannst ihn mir wieder geben. – Er mag glaub alte Frauen.

Meine Schwester und ich kamen also voll geplant. – Aber es sind ja vielleicht nicht unbedingt die schlechtesten Sachen, die auch mal ungeplant kommen. Glaubst du das auch? Ich finde es jedenfalls super, wie es jetzt bei uns herauskam. – Wenn wir es geplant hätten, hätten wir es nie so geplant. (lacht) So einen schönen Sohn hätten wir gar nicht planen können.

Bei meinen Eltern war es so, dass mein Vater zu meiner Mutter zog, sie wohnte da schon allein. Und dann haben sie zuerst einmal gewartet. Und dann entschieden sie, dass jetzt Kinder kommen können. Und wenn es klappt, wird geheiratet. So alles schön der Reihe nach. Die Mutter erzählte, sie habe die Pille abgesetzt und gedacht, jetzt geht es ja sicher noch ein Zeitchen. Aber es schlug sofort ein, und meine Schwester war da. Und nach drei Jahren kam ich.

Am Anfang blieb sMami daheim. Jetzt, wo ich auch ein Kind habe, haben wir das Thema natürlich ein bisschen durchgenommen, drum weiss ich es. Sie ging aber jeden Morgen Zeitungen verteilen, damit es besser langte. Wenn sie heimkam, ging der Vater arbeiten. Kitas oder andere Hütemöglichkeiten gab es glaub noch keine. Oder sie waren zu teuer.

Es war alles überhaupt nicht einfach. Aber mein Mami schaute immer, dass es für uns gut war. Und dass jemand Lieber bei uns war. Sie tat immer so viel für uns, auch heute noch. Wir kommen für sie einfach immer zuallererst. Es ist ihr glaub das Wichtigste, dass für uns alles so gut wie möglich stimmt.

Inzwischen arbeitet sie in einem Metallladen, da ist sie Chefin. Ich finde, sie ist recht glücklich momentan. Jetzt mit dem Schnügeli sowieso. Richtig verliebt ist sie, so habe ich mein Mami noch nie erlebt. Fast jeden Mittag kommt sie vom Büro schnell vorbei, schaut, wie es uns geht, isst schnell ein Brötli, aber vor allem knuddelt sie ihn.

Es war eigentlich recht lustig, als sie erfuhr, dass ich schwanger bin. Ich glaube, es war nach dem Znacht, wir waren alle bei ihr eingeladen. Und ich – Ich muss euch kurz etwas sagen. – Und meine Schwester sofort – Waswaswas?? – Und ich so – sMami soll zuerst reinkommen. – Und meine Mutter ganz gemütlich in der Küche am Kaffeemachen. Und ruft plötzlich – Bist aber nicht schwanger?! – Und kommt an den Tisch und sitzt ab. Und dann – ich weiss gar nicht mehr. Nicht schlimm. Nicht irgendwie Drama. (seufzt) Null Drama.

Nur einmal redete mir meine Mutter richtig ins Gewissen und sagte, dass sie es ganz mega wichtig finde, dass ich die Ausbildung trotz allem abschliesse. Damit ich immer unabhängig sein könne, wenn ich wolle. Und dass ich doch mein Leben noch nicht so richtig gelebt habe. Dass das aber doch uh wichtig sei. Im Sinn von Reisen und Freisein und Geniessen. – Aber jetzt – hat sie einfach nur riesen Freude. Je mehr Bauch, desto mehr Freude hatte sie.

So mega herzig. Jetzt wacht er auf. Im Moment nickt er immer nur kurz ein. Und beim Erwachen ist er immer so süss vernuschet. Und schaut so ernst. Hoi du Schätzeli.

Meine Eltern planten schon alles super, aber irgendwann ging es trotzdem nicht mehr gut. Ihre Pläne funktionierten, aber mit ihnen funktionierte es irgendwie nicht. Also eigentlich funktionieren tat es trotzdem, aber sie waren einfach kein Paar mehr. Sie wohnten nur noch zusammen. In der gleichen Wohnung, in getrennten Zimmern. Und sie schwiegen sich an, redeten nur noch das Allernötigste miteinander. Das fand ich mega schlimm, sehr traurig. Sie blieben nur wegen uns zusammen.

Ich glaube, zuerst war es einfach eine Abmachung. Aber mit der Zeit wurde es zwischen ihnen zum Glück eine Freundschaft. Das ist uh schön. Mein Vater ist sehr viel bei meiner Mutter daheim, wir treffen uns alle regelmässig bei ihr. – Ich bin ihnen dankbar, dass sie das geschafft haben. Dass sie jetzt so gut miteinander auskommen.

Mein Vater hatte eben auch eine Art Problem, ein anderes als mein Grossvater. Es kam hervor, als ich sieben oder acht war. Da checkte ich aber noch nicht, was mit ihm los war. Er arbeitete immer so viel, er war Projektleiter, in der Politik, in Ämtern, sehr engagiert überall. IT-Experte. Manchmal geisterte er die ganze Nacht durch die Wohnung.

Er ist auch einer, der den Menschen schlecht etwas abschlagen kann. Ich denke manchmal, das habe ich ein bisschen geerbt.

Für mich war das mit dem Vater – ehrlich gesagt überhaupt nie dramatisch. Ich glaube, ein Kind hat nicht eine so sture Vorstellung davon, wie etwas oder jemand sein soll oder nicht. Sie spüren vor allem, ob jemand gut ist oder nicht. Mein Vater war immer gut zu uns. Ich fühlte mich bei beiden Eltern wohl, und ich hatte Vertrauen zu ihnen.

Ich denke, jede Familie hat so ihre Sachen, die nicht so schön und nicht so ideal sind. Wichtig ist doch, dass man sich verzeiht und sich Mühe gibt und sich trotzdem gernhat. Und dass die andern einen vielleicht immer wieder so sehen, wie man selber sein möchte.

Es war für mich schon nicht alles ideal, aber alles normal. Ich konnte dafür einen Traum ausleben, eine riesen Leidenschaft. (lacht) Fussball. Profifussballerin war mein allererster Berufswunsch. Ich wollte ganz unbedingt zu den Besten gehören.

Eine solche Leidenschaft wurde es wahrscheinlich, weil meine beste Freundin angefressen Fussball spielte. Und weil ich gern mit andern zusammen ein gutes Spiel aufbaue. Und auch, weil ich mich auf dem Rasen auspowern konnte, meine Energie rauslassen, mich abreagieren. Ich war ja sonst eher die Stille. Beim

Fussballspielen bin ich zwar auch eher der ruhige Typ. Ich schaue lieber, wo es etwas braucht, statt rumzuschreien. Am liebsten hatte ich die Positionen, in denen man möglichst schnell sein und viel rennen muss, aussen. Unauffällig Flanken schlagen, nach vorn arbeiten, den Überblick behalten, das gefällt mir. Ziemlich schnell wurde ich dann – ziemlich gut. Nationalmannschaft und Nati A.

Schon als Kind spielte ich lieber mit den Buben als mit den Puppen. Ab und zu ein bisschen mit Mädchensachen, aber viel lieber ging ich mit meiner Freundin Fussball spielen. Die Buben störte das überhaupt nicht. Die fanden es super. Dass wir Mädchen sind, war für sie nie ein Thema, jedenfalls nicht, dass ich wüsste. Wir spielten ja auch nicht gross anders als die Buben.

Ich glaube, das hat vielleicht damit zu tun, dass ich nicht wehleidig bin. Ich konnte Schmerzen immer gut wegstecken. Man verletzt sich halt beim Spielen, das ist einfach so. Meistens hatte ich nach einem Match blaue Knie, auch die Bänder sind mal gerissen. Oder man kommt heim mit einem Noggenabdruck an der Wade, weil jemand voll draufgetreten ist. Merkst es erst nachher zum Glück. Dann tut es aber extrem weh. Im Spiel hast gar keine Zeit, dich mit dem Schmerz zu befassen. (lacht) Nur bei der Geburt ging das mit dem Wegstecken nicht so gut. Hu, das ist nochmal etwas ganz anderes.

Wenn ich von etwas überzeugt bin, dann kann ich sehr viel mobilisieren. Und wenn ich ein Ziel habe, will ich es auch erreichen. Schwieriger finde ich, überhaupt ein Ziel zu finden. Aber wenn ich es habe, dann kann ich dort ankommen. – Und das glaube ich eben – das glaube ich ganz fest auch für uns. Für unsere kleine Familie. Dass wir zusammen alles erreichen können. Lorenz und ich, auch mit Kindern. Wenn wir zusammenhalten und gut aufeinander achten und uns helfen und fein zueinander sind. Ich glaube, wenn wir das schaffen, dann schaffen wir alles. Dann geht alles. Glaubst nicht?

Ist er dir nicht zu schwer? Schau, jetzt ist er schon wieder am Einnicken.

Ich wäre ja gern Profifussballerin geworden, aber dazu bin ich zu wenig Träumerin. Ich war immer ziemlich realistisch. Mit Fussball kannst du als Frau eigentlich nie genug Geld verdienen. Für Frauen ist dieser Sport fast immer aussichtslos. Da werde ich besser – eben, zum Beispiel Hebamme. Das würde mir extrem gut gefallen. Seit der Geburt von M finde ich diesen Beruf mega wichtig und auch sehr spannend.

Ich dachte zwar mal, ich werde Physiotherapeutin. Aber dort spazierst vor allem mit alten Leuten im Spital durch den Gang. Und hast für nichts richtig Zeit. Schlussendlich machte ich dann eine Sportlehre, im Kaufmännischen, bei der United School of Sports. Gehst in die Schule und hast trotzdem noch Zeit, siebenmal in der Woche Fussball zu trainieren. Eine kaufmännische Lehre machte ich, weil alle sagten, mit dem kannst alles machen und machst sicher nichts falsch. Aber ich weiss nicht. So viel kann ich gar nicht anfangen damit.

Überlegt habe ich mir irgendwie nicht so viel, ich machte einfach mal diese Schule und hatte Freude am Fussball. Aber mit der Zeit – kamen dann die Zweifel. Und später, bei der Büroarbeit, dachte ich immer häufiger – Was mache ich da eigentlich? Ich sitze den ganzen Tag an einem Bildschirm und tippe irgendwas in den Computer. Das ist alles. So eintönig. Und für ein Leben irgendwie zu wenig. Und auch – irgendwie sinnlos. Es war nicht so, dass es mich jeden Morgen angeschissen hätte aufzustehen. Aber ich freute mich auch selten auf den Tag. Das ist jetzt total anders.

So super, dass ich das dachte! Weil ich darum nämlich in die Berufsmittelschule eintrat. Eigentlich ohne viel zu studieren, wieder mal. Ich dachte, jetzt mach ich halt noch die Matura. Und dann kam ich eben in die gleiche Klasse wie Lorenz.

Lorenz ist ja einer, den man schon antrifft. Er ist ein bisschen unübersehbar. Oder unüberhörbar, meistens im Mittelpunkt. So ist er einfach. Mich stört das gar nicht.

Er war nicht mein erster Freund, ich hatte ziemlich früh den ersten, mit vierzehn. Eigentlich war ich lange mit dem zusammen. Aber jetzt bin ich – mega mega viel glücklicher. (lacht sehr) Mega. Es ist alles ganz anders und so viel besser. Ich vertraue Lorenz total, blind eigentlich. – Noch nie habe ich ausser in meiner Familie jemandem so vertraut. – Eigentlich habe ich mich überhaupt noch nie mit jemandem so gut gefühlt. Einfach ganz richtig glücklich. (M pfnüchserlet)

Ich glaub imfall, wir kamen zusammen, weil er mich immer zum Lachen bringt. Das habe ich am liebsten, wenn ein Mann mich zum Lachen bringt. Auf das schaue ich fast am meisten. Und Lorenz fällt halt auf, er ist ja nicht der Ruhigste. Am Anfang stand aber eine gute Kollegin auf ihn, also war er sowieso tabu. Und ein Obercharmeur ist er auch, das auf jeden Fall. Mit seinem Humor und seiner Direktheit. Er weiss ziemlich gut, wie er auf Frauen wirkt und was sie gernhaben. Er weiss haargenau, wie man sie um den Finger wickelt. Schliesslich hat er das geübt (lacht) im Frauenclan, in dem er aufgewachsen ist.

Es kam so – schlussendlich – also ich habe eigentlich nicht viel überlegt. Er fiel mir einfach auf. Und ich war mir sicher, dass er sich nicht für mich interessiert. Nach und nach hatten wir trotzdem immer mehr Kontakt. Mit der Zeit machten wir manchmal zusammen Arbeiten für die Schule. Und nach den Arbeiten gingen wir manchmal zusammen aus, also mit der Klasse. Am Anfang waren noch viele von der Klasse dabei. Aber dann wurden es immer weniger. Und am Schluss blieben quasi noch

Lorenz und ich übrig, die mit der Klasse ausgingen. – Ha, vielleicht war das ja schon eine seiner Listen. Das denke ich gerade. Der raffinierte Kerli!

Ich hatte wirklich nie das Gefühl, er habe Interesse. Du merkst es doch, wie sie schreiben und wie sie versuchen, eine gute Stimmung zu machen und ein bisschen ins Gespräch zu kommen. Bei ihm – nur das absolut allernötigste Minimum. Da gibt man sich Mühe und formuliert und schreibt Nachrichten und macht, und dann kommt lange keine Antwort und dann höchstens so superdünn – ja – oder auch – nei – kleingeschrieben und meistens nicht mal ein Punkt. Jedenfalls war es bei mir so, er machte sich total rar (lacht) und das fand ich interessant. Inzwischen kenn ich ihn aber.

Dass er nichts von mir wollte, gefiel mir eigentlich, es ist angenehm. Alles nur völlig absolut mega freundschaftlich. Er machte nie Andeutungen, nichts. Bei anderen Männern merkst halt meistens sofort, sie wollen dringend Sex. Das törnt ab. Bei Lorenz war es nie so. Ich ging nach dem Ausgang sogar ein paarmal bei ihm übernachten und schlief in seinem Bett. Kein Problem, rein freundschaftlich. (lacht) Ja wirklich! Es war perfekt, so wie es war. Aber – das war komisch, wir fühlten uns jedes Mal so extrem wohl zusammen, einfach ganz wohl. – Und das tun wir immer noch. (M seufzt)

Du wirst lachen, aber ich erzählte es sogar der Mutter und der Schwester, dass ich manchmal bei Lorenz übernachte. Und beide – Läuft da etwas zwischen euch? – Und ich so – Sicher nicht! Das ist der erste Mann, mit dem ich einfach eng befreundet sein kann und nichts sonst. – Damit ziehen sie mich heute noch auf.

Wenn ich darüber nachdenke – eigentlich ist die Freundschaft zwischen uns noch stärker geworden. Seit wir auch miteinander schlafen.

Er sagt ja die ganze Zeit, er habe alles von Anfang an so geplant. Schon am Tag, als er mich zum ersten Mal gesehen habe in der Schule. Sein Plan sei gewesen, mich in Sicherheit zu wiegen. Dass er eigentlich nichts von mir wolle als eine Freundschaft. Er verkauft mir das jetzt natürlich gern so. (lacht) Klar, er der Coole, und die Frauen tanzen nach seinen Plänen.

Die Initiative ging schon von ihm aus. Aber ich würde nicht sagen, dass immer der Mann den aktiven Part machen muss. Es ist durchaus auch die Frau, die anfangen kann. Oder zeigen kann, dass sie will. Und weitermachen kann, wenn sie will. Ich bin vielleicht eher der Typ, der wartet. Aber ich nehme an, dass es Frauen gibt, die forscher sind. Das kann doch jede machen, wie es ihr liegt.

Ich war sofort – extrem verliebt. Habe es aber gar nicht richtig gemerkt. Ich wollte einfach nur immer mit Lorenz zusammen sein, in jedem Moment, Tag und Nacht und einfach immer. Das Leben war wunderschön und so viel besser zusammen mit ihm. Richtig rosarote Brille. Es war auch seltsam, ich konnte mir sehr bald vorstellen, dass das etwas Längerfristiges wird. Nicht nur so jugendliebemässig. Aber an eine Familie dachte ich natürlich nicht.

(M zwinkerlet) Ja hoi Buebeli.

Ich setze mich schnell hinüber aufs Sofa, zum Stillen geht es dort meistens besser.

(M meckerlet) So Schätzeli, schau, da. (M schmätzelt, meckerlet) Schau, musst ziehen. So. Bisschen Geduld haben.

Es geht immer ein Momentchen, bis die Milch kommt. (lacht) Und dann protestiert er.

Gäll du. Das darfst du auch. (M schluckt mit tiefen Zügen) Ou du, aua. Loslassen. Jetzt habe ich mir die Haare doch extra zusammengebunden.

Er erwischt sie trotzdem immer und wickelt sie um sein Händchen. So trinkt er am liebsten. (M sümmelet und schmatzt, das Händchen tastet langsam und sehr sanft von den langen Haaren seiner Mutter zur Brust und zurück)

Neuerdings macht er immer ein Spielchen mit mir, wenn der Hunger nicht mehr so stark ist. Dann linst er herauf und grinst. Und dreht sich weg, nimmt die Brust, versteckt sich darin und süggelet ein paar Schlückli. Dann dreht er sich wieder zu mir und lacht so begeistert und dreht sich wieder weg und saugt kurz und strahlt sofort wieder herauf. Eifach uh härzig. Als würde er zwischen den Schlucken sagen – Gugus. Dada. Mercimerci. – Aber das bilde ich mir wahrscheinlich ein. (M verschluckt sich, hüstelt) So. Jetzt ist gut, gäll.

Ich find ihn so süss, wenn er platschvoll ist und pfludiweich. Richtig geflasht sieht er aus.

Kann ich ihn dir nochmal geben? Ich müsste schnell aufs WC.

(M kötzelt, görpselt und fürzelt zufrieden)

Stillen kann auch richtig mühsam sein. Ich hätte nie gedacht, dass man es fast ein bisschen lernen muss zusammen. Er war immer so aufgeregt, furchtbar zapplig, und dann geht es nicht. Wir mussten zuerst ein bisschen Geduld haben miteinander. Überall steht ja, Stillen sei das Einfachste und Beste für das Kind. Aber leider steht nirgends, wie schwierig es manchmal ist. Ich hatte mehrmals Milchstau und bekam eine Brustentzündung. Das tut also ziemlich weh. Zum Glück halfen mir die Hebammen.

Inzwischen kennen wir uns aber besser, jetzt geht es wunderbar. Und Stillen ist nicht nur ein schönes Gefühl, es ist auch – etwas, das nur ich mit ihm habe. Nur ich kann ihm das geben. Schon speziell. – Ich gebe es ihm so gern, ich mache fast nichts lieber. – Eigentlich verrückt. Schon während der Schwangerschaft gehörte ihm ja mein Körper voll. Und ich hatte keine Sekunde das Gefühl, ich möchte mich ihm nicht zur Verfügung stellen. Nicht mal bei der Geburt hatte ich dieses Gefühl. Er kann einfach ganz selbstverständlich alles von mir haben, was er braucht. Darüber staune ich selber.

Mit diesem Kindchen zu leben, ist aber hundertmal anstrengender als jedes Fussballtrainingscamp. Er entscheidet total über mich. Dieses Würmli bestimmt, wann ich wach bin und wann ich schlafe und wie lange. Was ich wann mache und wie viel Zeit ich mir nehmen kann für anderes. Sogar fürs WC. (lacht) (M lacht) Schon erstaunlich. Und du tust es genau so, wie er es braucht. Überlegst es gar nicht. Bist total fremdbestimmt und hundemüde und hast für nichts anderes Zeit und kommst an alle deine Grenzen. Und dann schau ich ihn an. Und es ist total okay.

Ich hatte auch keinen Blues. Manchmal singt Lorenz und spielt Gitarre, dann ist sowieso alles wieder gut.

Ich glaube, ob es einem als Frau mit einem Kind gut geht, hat viel mit dem Mann zu tun. Lorenz ist jetzt so viel zu Hause, wie er kann, und er ist so einfühlsam, er weiss genau, was ich brauche. Er kann das so gut, er kann mich uh glücklich machen. Zum Beispiel heute Morgen, nach dieser mühsamen Nacht für uns alle. Da kommt er zu mir und kuschelt und hält mich und sagt zum Beispiel, er sei stolz auf mich. Du kannst dir nicht vorstellen, wie mich das freut. Er sagt mir ganz einfache Dinge. Die aber so wichtig sind. Das ist nicht selbstverständlich, glaube ich. Lorenz sagt es mir. Und er sieht die guten Sachen, wenn ich sie grad nicht mehr sehe, weil ich so kaputt bin.

Auch ins Spital kam er die ganze Zeit, obwohl er doch einen extrem strengen Job hat. Ging erst ganz spät, wenn wir eingeschlafen waren, schnell heim, und am Morgen stand er schon wieder da. Und es war doch so extrem heiss in diesem Sommer.

Als wir vom Spital nach Hause kamen, war aber die Wohnung wunderschön vorbereitet. Schön kühl, überall die Rollläden unten, sogar einen Ventilator hatte Lorenz organisiert. So lieb. Und dann kochte er uns etwas Feines, er kann sehr gut kochen. Einfach alles war – uh herzig angerichtet. So uh mega mega herzig. Jetzt muss ich grad weinen, entschuldige. (lacht)

Er sagte mir auch, wie dankbar er sei. Weil ich – also dass ich – weil ich für uns diesen Sohn geboren habe. – Hhhh. Gäll du. Auch wenn wir uns noch nicht so lang kennen, dein Papi ist extrem der Richtige für uns. Und du bist auch genau der Richtige für uns.

Passiert ist es in den Ferien. Lorenz war nach der Schulzeit und dem Militär zwei Monate lang in Europa unterwegs. Mit einem Freund in einem umgebauten Wohnmobil. Und ich stiess nach einem Monat dazu, (lacht) als Freundin. – Sozusagen unser portugiesisches Kind ist das. – Wir waren einfach die ganze Zeit zusammen. Und hatten es so schön, dass ich – wahrscheinlich die Pille ein bisschen vergass. Sie wahrscheinlich nicht so ganz regelmässig nahm. Genau weiss ich es wirklich nicht. Im Wohnmobil waren wir ja gar nie allein, aber manchmal schliefen wir zum Glück auch an anderen Orten.

Dass M kam – war eigentlich gar nicht so abwegig. Er lag sozusagen in der Luft. Vor allem, wenn wir miteinander schliefen. Wir hatten es so schön zusammen. Und wir redeten ja auch bald davon, ganz zusammenzubleiben. Sogar von einem Kind haben wir nämlich geredet. – Diese Vorstellung gefiel mir so. – Und Lorenz erstaunlicherweise eben auch. – Und M anscheinend auch. Jedenfalls machte er sich auf die Söckli.

Unsere Pläne waren natürlich schon anders. Das kann man ja anpassen. Jetzt muss ich das Studieren halt ein bisschen verschieben. Und eigentlich wollte sich Lorenz selbständig machen, und auch noch ein Studium anfangen, und auch noch Musik machen. (lacht) Und jetzt ist halt noch unser Buebeli dabei. Für den Moment musste Lorenz sich anstellen lassen, damit wir finanziell abgesichert sind. Er wollte das so. Aber alles andere macht er trotzdem irgendwie. Wir machen alles trotzdem irgendwann, das glaube ich. Wir wollen auch noch reisen. Vielleicht erfüllen sich die wichtigen Träume sogar eher mit dem Kind. Die Wohnung zum Beispiel hätten wir ohne M sicher nicht bekommen.

Ich habe höchstens manchmal Angst, dass Lorenz zu viel macht. Er verlangt alles von sich. Ich hoffe, er übernimmt sich nicht. Wenn er sich übernimmt, dann ist es nicht so gut. Für uns alle nicht. Und für dich sowieso nicht, gäll du. (M blübberlet)

Nie wäre Abtreiben für mich infrage gekommen. Das stand für mich einfach nicht zur Auswahl. Nicht aus religiösen Gründen, es ist mein eigenes Gefühl. Ich könnte es nicht. Wenn bei mir eins ungeplant kommt, trage ich es aus, das wusste ich immer. Es wird einem doch auch immer geholfen. – Vielleicht ist es komisch, aber ich finde eine Schwangerschaft ziemlich – Schicksal. Das kannst und sollst nicht ändern. Und wenn du etwas wirklich willst, dann bringsches ane, dann schaffst es.

Bist ja nie ganz allein. Gäll du.

Ich glaube halt, wenn du ein Kind – wieder fortschickst, wenn es schon da ist – das geht doch nicht. Kannst es doch nicht vergessen. Wahrscheinlich beschäftigt es dich das ganze Leben hindurch. Und kannst es nie mehr ändern, nur verdrängen. Aber das muss jede Frau für sich selbst entscheiden.

Zuerst war es recht fremd. Dass da etwas grösser und grösser wird in dir drin. Wir wussten schon ziemlich früh, dass es ein Bub ist. Eigentlich hätten wir es gar nicht wissen wollen, aber die Ärztin sagte bei einem Ultraschall – Das ist definitiv kein drittes Bein.

Bis zwei Wochen vor der Geburt habe ich gearbeitet. Zum Glück hatte ich trotz der Hitze keine Mühe. Nach der Schule hatte ich eine Stelle gesucht und konnte mich vorstellen gehen. Und bekam sie – aber dann wurde ich so völlig unerwartet schwanger. – Ich getraute mich zuerst einfach nicht, es dem Arbeitgeber zu sagen. Hast doch ein mega Problem, als Frau, schwanger. Nimmt dich doch niemand mehr. Das war richtig schlimm, ich hatte ein sehr schlechtes Gewissen. Aber wir mussten doch beide möglichst viel Geld verdienen und auf die Seite legen, ich musste doch einen Job haben. Nur darum kann ich jetzt so lang zu Hause bleiben mit ihm.

Irgendwann nahm ich den ganzen Mut zusammen und sagte es. Mein Chef ist ein netter Mensch, er machte mir überhaupt keine Probleme. Er schien es sogar schön zu finden, dass ich ein Kind bekam. Leider war er dann nicht mehr lange Chef. Es gab Umstrukturierungen in der Firma, es kamen Neue, Jüngere. Und ich musste ein Formular unterschreiben, dass ich einverstanden sei, nach Ablauf des Mutterschaftsurlaubs das Arbeitsverhältnis aufzulösen. Und dass ich einverstanden sei, dass man mir keinen Job mehr garantieren könne. Sie sagten, ich solle mich einfach wieder melden. Man entscheide dann flexibel.

Mittlerweile will ich das aber gar nicht mehr. Ich will wie gesagt studieren. Ich war schon an einer Infoveranstaltung für Hebammen. Keine Ahnung, ob ich die Prüfungen dann schaffe, ich habe recht den Bammel. Ich muss halt extrem schauen, wie es geht mit dem Vorbereiten, mit ihm. – Sonst probier ichs dann später nochmal. (M brümmelet)

Wir haben uns vorher eigentlich nicht allzu gross vorgestellt, wie es nachher wird. Ich möchte einfach unbedingt, dass Lorenz sich auch verwirklichen kann. Und nicht nur krampfen muss. – Er wäre zum Beispiel nach der Geburt so gern zwei Tage bei uns geblieben. Wenigstens zwei Tage. Das hatten sie ihm versprochen. Ging dann aber nicht. Das hätten total möge, er war richtig traurig. Er sagt, der Stressjob ist eine Chance für ihn, er lernt viel. Ehrlich gesagt ertrage ich es fast nicht. Das belastet ihn doch voll.

Manchmal merken wir ihm den Stress an. Einen Moment lang bin ich richtig erschrocken. Aber das Schöne an Lorenz ist, er kann sich auch entschuldigen. Er merkt es und macht es wieder gut. Dramatisch nehme ich es sowieso nicht. Wenn es nicht schlimmer wird, ist das nicht schlimm. (lacht) Wir sollten Stress abbauen – da würde uns zum Beispiel das Liebesleben helfen. Aber das Kindchen im Bett macht es nicht grad einfacher. Wir mussten es ein bisschen neu erfinden. Und jeden Moment nehmen, wenn er sich grad schön ergibt. Auf keinen Fall warten, sonst ist der Kleine schneller. Trotz allem und den Nähten und der Hormonumstellung, es ist – soll ich das sagen? Es ist einfach super. Sehr schnell nach der Geburt haben wir wieder miteinander geschlafen. Eigentlich sobald es wieder einigermassen ging. Aber jetzt nur noch mit Verhütung (lacht), obwohl es ja heisst, solange eine Frau stille, werde sie nicht schwanger. Es wird verhütet!

Ich finde es mega schön, ich wollte das unbedingt. Lorenz war zuerst eher zurückhaltend. Am Anfang war es schon ein bisschen komisch, wenn – da jetzt wieder der Mann ist. Aber auch – erfüllend. Ich spüre jetzt mich und meinen Körper wieder mehr, mit ihm. Und Lorenz ist so aufmerksam. – Es ist einfach alles gut, so wie es ist.

Die Geburt – das war – hu. Es ging ewig nicht los. Ich hatte eigentlich keine Angst vorher, aber – ziemlich Respekt. Zu Recht. Vorher dachte ich eigentlich nicht viel. Aber je näher der Termin rutschte, desto mehr wollte ich nur noch, dass er endlich kommt. Irgendwann war M dann zehn Tage überfällig, und es hiess, man müsse ihm einen Schubs geben. Die Geburt einleiten, weil es sonst gefährlich werde. Die Ärztin schickte uns in die Frauenklinik. Uh, das Gehen und Rumfahren war richtig mühsam, es war so heiss und mein Bauch tonnenschwer, allmählich tat mir alles richtig weh. Wir gingen also meine Sachen holen und fuhren ins Spital, wir hatten uns schon lang vorher angemeldet. Lorenz ist auch dort zur Welt gekommen. Wir standen da also voller Erwartung an der Rezeption – aber sie liessen uns nicht hinein – Kein Platz, sorry. Wir sind voll. Ihr müsst noch warten. – Also zottelten wir wieder heim in die heisse Wohnung, und Lorenz ging an seinen Job. Am zwölften Tag tat sich immer noch nichts. Ich war allmählich richtig am Verzweifeln, und so klopften wir wieder an im Spital, wir riefen an. Und wieder hiess es – Sorry, wir sind total überbucht. Wir haben Wartelisten. – Und es sei ja alles normal bei mir, ich solle weiter warten. Ich sage dir, ich war richtig verzweifelt. So gut es ging, versuchte mich Lorenz bei Laune zu halten. Mit Basteln zum Beispiel. Schlafen ging nicht mehr.

Endlichendlich riefen sie an. Aber es waren schlechte Nachrichten, sie hatten einfach keinen Platz. Echt schlimm, wirklich. Ich glaube, das sind halt die Steuersparmassnahmen von den Politikern. Es ist alles so geizig und knapp berechnet, sogar im Spital. Diese Männer müssen ja nicht gebären. Ja du. Man sagte mir am Telefon noch, wir sollen es doch einfach woanders probieren. Ausserhalb der Stadt habe es sicher noch Platz. Wirklich, das sagten sie. (M seufzerlet)

Lorenz wurde jetzt richtig nervös. Ich glaube, er hatte auch allmählich Angst. Wir fühlten uns recht verlassen, so ohne Platz für die Geburt. Aber er liess sich nichts anmerken, er beruhigte mich immer. Und mir – (seufzt) war es langsam ziemlich egal, wo die Geburt stattfand. Ich war einfach erschöpft. (lacht) Ich hätte mich sogar mit einem Stall anfreunden können, oder mit einem Tramhäuschen. Hauptsache, das Kind konnte endlich kommen.

Wir landeten dann mehr als zwanzig Kilometer ausserhalb der Stadt, in einem anderen Krankenhaus. Ich fühlte ich dort sofort aufgehoben und ruhig. Eigentlich weiss ich gar nicht, warum sie die Geburt dann sofort einleiteten. Meine Hebamme sagte später, man hätte problemlos noch warten können. – Aber eingeleitete Geburten gehen schneller und lassen sich besser einplanen. Damit spart das Spital halt Personal und Geld.

So gut es ging, spazierten wir noch ein wenig herum. Iiiiimmer noch nichts. M rührte sich einfach nicht. Lorenz holte sich noch ein bisschen Beruhigung bei seiner Tante, die so viel Hebammenerfahrung hat. Und während er mit ihr telefonierte – woa! Ein Schlag in den Bauch, wie ein Fussballertritt. Als hätte M von innen mit vollem Anlauf gegen das Tor geschossen. Und ich wurde ganz nass. Lorenz immer noch am Käsperlen mit der Tante. Und ich so – Lorenz, ich glaube, er kommt. – Und er plötzlich aus dem Häuschen – Ich muss aufhängen! Er kommt! Die Fruchtblase! – Sie banden mir noch das Kästchen um den Bauch, den Wehenschreiber. Damit sieht man auf dem Monitor jede Kontraktion und wie sie verläuft. Und wir beide vor dem Bildschirm und bei jeder Wehe ganz begeistert – Juhu. Wieder eine. Er kommt! –

Aber dann. Ging es quasi von null auf hundert. Und tat extrem weh. Ich war auf solche Schmerzen überhaupt nicht vorbereitet, es ging jetzt viel zu schnell. Ein wahnsinniges Ziehen, ein unbeschreiblicher Krampf im ganzen Leib. Ich kenne nichts, das so wehtut. Und Lorenz aber immer noch so begeistert vor dem Monitor, und juhute bei jeder Wehe. Irgendwann sagte ich – Sei doch still. Es ist imfall nicht lustig. –

Nach ein paar Stunden war ich halb tot, und sie machten mir endlich eine Narkose, PDA, das half. So spürst die Wehen immer noch, aber nicht mehr so überwältigend. Der Nachteil ist einfach, dass der Pressdrang am Schluss auch nicht mehr so spürbar ist. Presswehen sind eine wirklich wilde Sache. Das sind die letzten verrückten Kontraktionen. Es stülpt dich irgendwie von innen nach aussen. Wenn du diese Wehen mit Pressen unterstützen kannst, dann kommt das Kindlein. Aber wenn du sie nicht richtig spürst, ist es schwierig.

Von Lorenz merkte ich irgendwann auch nicht mehr viel. Er war einfach neben mir am Händlihebe und Mitlaufen. Er hatte ja vorher einmal gesagt, er wisse nicht sicher, ob er es dann könne. So dabei sein und helfen. Und alles sehen. Es ist schon eine extreme Grenzerfahrung. Jedenfalls ging es Lorenz irgendwann nicht mehr so gut. Er sass oben bei mir, ganz stumm und hatte Eishände. Unten hockte die Hebamme, sie mass immer wieder den Muttermund und schrieb Zahlen auf. Plötzlich rief sie – Chumm go luege, chumm schnäll! – Irgendwie tönte das fast ein bisschen, als wäre ich ein Zoo. Lorenz hatte eine ganz schwache Stimme – Neinei. Scho guet. – Da machte die Hebamme so einen Spruch, ob er denn so verklemmt sei. Das fand ich richtig daneben. (M chnürrelet)

Und dann endlich war er da, endlich. Beziehungsweise, sie mussten ihn noch ein bisschen holen mit der Glocke, sie saugten ihn mit einem Saugnapf am Schluss ganz heraus. – Das hat ihm sicher gar nicht gefallen, jö Schätzeli. Es tut mir so leid. – Ich musste weinen, als sie sagten – Wir gratulieren Ihnen. Sie haben einen Sohn geboren. – Und Lorenz weinte auch. Ich hatte einen Moment Angst, er wird ohnmächtig.

Irgendwann legten sie mir das warme Würmli auf den Bauch. Unser Sohn roch so wahnsinnig gut, so fein. – So fein, so fein – das habe ich anscheinend die ganze Zeit geflüstert. Und Lorenz lag halb auf den Knien und halb bei uns im Bett, und wir lagen in seinen Armen. Nach einem ganz ruhigen Moment fing unser

Kindchen an zu wimmerlen. Lorenz legte seinen Kopf neben das Köpfchen auf meinen Bauch und machte mit dem Mund dieses Geräusch, das er selber so gernhat. Er hört immer noch manchmal die CD, die ihm die Grossmutter M vor vielen Jahren einmal schenkte, weil er nicht einschlafen konnte. Wie Regen – sch sch sch
  (M lächelt)

Dank

Ich bedanke mich bei der Ernst Göhner Stiftung und bei Sonja Hägeli für den schönen Beitrag an das aufwendige Unterfangen.

Und ich danke Gabriella Baumann-von Arx für die verlegerische Treue. Durch ihr grosses Engagement fand »das ganze Leben«, meine kleine Comédie humaine in vier Bänden, ans Licht.

Susanna Schwager
Das volle Leben
Frauen über achtzig erzählen

264 Seiten, Klappenbroschur
Fotografien von Marcel Studer

13,5 × 21,2 cm
Print ISBN 978-3-03763-085-3
E-Book ISBN 978-3-03763-526-1
www.woerterseh.ch

In diesem Buch lassen zwölf Frauen ein schwieriges und verrücktes Jahrhundert Revue passieren. Es erzählen die Sängerin **Lys Assia**, die Schauspielerinnen **Anne-Marie Blanc** und **Stephanie Glaser**, die Künstlerin **Hanny Fries**, die Zigeunerin **Urselina Gemperle**, die Volksmusikerin **Trudi Kilian**, die Politikerin **Emilie Lieberherr**, die Bergbäuerin **Maria Loretz**, die Kindererzieherin **Monica Suter**, die Kleinunternehmerin **Fränzi Utinger**, die Entwicklungshelferin **Lilly Vogel** und die Hebamme **Marie Zürcher**.

Susanna Schwager ist eine exzellente und musikalische Zuhörerin. Man liest sich atemlos durch schwere, heitere, tragische, dramatische, abenteuerliche Geschichten und lässt sich anstecken von kämpferischem Geist, Träumen, Lebenskünsten.

Franziska Schläpfer, »Buchjournal«

Susanna Schwager
Das volle Leben
Männer über achtzig erzählen

320 Seiten, gebunden
mit Schutzumschlag
Fotografien von Marcel Studer

13,5 × 21,2 cm
Print ISBN 978-3-03763-001-3
E-Book ISBN 978-3-03763-527-8
www.woerterseh.ch

Nach dem Bestseller »Das volle Leben – Frauen über achtzig erzählen« lässt Susanna Schwager elf Männer ein schwieriges und verrücktes Jahrhundert Revue passieren. Es erzählen der Trapezkünstler **Eugen Bauer**, der Schmied **Hans Beck**, der Bergbauer **Willy Fässler**, der Hotelier **Walther A. Hegglin**, der Auslandberichterstatter **Arnold Hottinger**, der Bankkassier **Hans Horn**, der Tour-de-France-Sieger **Ferdy Kübler**, der Dampfkochtopferfinder **Jacques Kuhn**, der Architekt **Eduard Neuenschwander**, der Musiker **Hazy Osterwald** und der Uhrmacher **Arnold Zwahlen**.

»Das volle Leben« ist ein Geschichtenbuch – aber nicht nur das: Es ist Geschichtslektion, Lebensberatung und Soap in einem.
             Katrin Hafner, »Tages-Anzeiger«

Susanna Schwager
Das halbe Leben
Junge Männer erzählen

384 Seiten, gebunden
mit Schutzumschlag
Zeichnungen von Raoul Ris

13,5 × 21,2 cm
ISBN 978-3-03763-024-2
www.woerterseh.ch

Nach den beiden Longsellern »Das volle Leben – Frauen über achtzig erzählen« und »Das volle Leben – Männer über achtzig erzählen« begegnet Susanna Schwager in »Das halbe Leben – Junge Männer erzählen« prominenten und unbekannten Männern, diesmal alle unter vierzig. In überraschender Offenheit und der ihnen eigenen Sprache erzählen sie von Freuden und Nöten, von Gewiss- und Unsicherheiten, von ihren Gedanken, Taten und Träumen. Sie beschreiben uns ein weiteres Wegstück des Lebens – und etwas vom Rätsel, das die Welt im Innersten zusammenhält.

Susanna Schwager hat mit ihren Porträts, die authentisches Sprechen mit einer klaren Form verbinden, so etwas wie eine eigene Literaturgattung erschaffen.

Urs Widmer, Schriftsteller